대통령,
풍수 穴로 말하다

이재영 지음

대통령, 풍수 穴로 말하다

초판 1쇄 인쇄일 2022년 02월 05일
초판 1쇄 발행일 2022년 02월 20일

지은이 이재영
펴낸이 양옥매
디자인 김영주
교　정 조준경

펴낸곳 도서출판 책과나무
출판등록 제2012-000376
주소 서울특별시 마포구 방울내로 79 이노빌딩 302호
대표전화 02.372.1537　**팩스** 02.372.1538
이메일 booknamu2007@naver.com
홈페이지 www.booknamu.com
ISBN 979-11-6752-118-7 (03180)

풍수지리를 통해 알아보는 역대 대통령 탄생의 비밀

대통령,
풍수 穴_혈로 말하다

이재영 지음

혈증 분석으로 미래의 대통령과

낙마자의 운명을 밝히다

　이 책은 풍수 혈(穴)에 대한 내용이다. 가장 쉽게 대통령이 되는 방법을 연구한 것이다. 너무나 거창한 구호가 된 것 같아 머리가 약간 아프긴 하지만, 말을 하지 않을 수가 없다.

　먼저 이 글의 큰 특징은 풍수 스트레스 리스(Stress less)이다. 얼마간 풍수를 한다고 하다가 멈춘 사람이나 풍수를 한다고 하면서 거듭해도 끝이 보이지 않는 사람, 풍수 공부를 하나 마나 한 사람, 대학이나 학원가에서 강의는 하지만 혈의 두려움이 있는 사람, 나만 잘되면 된다고 하는 사람 등 헤아릴 수 없을 정도로 많은 이들이 풍수의 담을 넘나들고 있는 것이 사실이자 현실이다. 이는 엄청난 풍수 스트레스이며, 이 책은 이를 해결하기 위해 방점을 찍고자 했다. 즉, 풍수 혈이 풍수의 해결책이자 지름길이며 스트레스를 확 날리기 때문이다.

　또 다른 하나는 야전 교범이라는 FM(Field manual)대로의 풍수 서책이라는 점이다. 풍수 말에 '산자산 서자서(山自山 書自書)'라는 용어가 있다. '산 따로 책 따로'라는 뜻이다. 이를 단번에 해결하기 위한 방법이 혈증(穴證)이다. 이 책의 내용이 야전에서 필요한 교범이라는 의미로 집필한 이유가 되기도 한다. 그래서 대통령이 된 사람들의 조상 묫자리와 생가를 혈증으로 분석한 것이다. 또한 대통령 탄생의 비밀을 찾아내고자 했던 것이다.

그다음은 앞으로 혈증을 분석하여 미래의 대통령이 될 잠룡들에 대한 미래상을 찾는 데 목적이 있다. 잠룡의 조상들 생가와 묘지가 혈증의 여부에 대한 이해가 될 수 있도록 하는 트레이닝의 기본이 되도록 하는 데 의미가 있다.

네 번째는 낙마자들의 운명이다. 사회생활을 잘하다가 어떻게 해서 나락으로 떨어진 것인지에 대한 이유를 밝혀내는 것이다. 이는 곧 풍수의 해석이다. '혈증이란 무엇인가'에 대한 배움과 풍수 연구이다. 혈에 대해 이해하고자 하는 분들을 위해 이 책은 필독서다. 필자가 30년 가까이 현장을 다녀 보았지만 애석하게도 혈증을 이해하는 풍수인은 극히 일부에 불과하다. 큰 이상이 있다고 큰소리치지만, 혈을 아는 데는 너무나 주관적이다. 본인 혼자만 이해가 되는 논리이기에 그렇다는 것이다. 아무리 큰소리를 쳐 보아도 풍수인이라면 용이나 4신사가, 물이, 좌향이 아니라, 혈이 먼저

이고 혈만이 만사형통이기 때문이다.

다섯 번째가 실증의 사례들이다. 잠재적으로 잘된 사람들의 조상을 혈증으로 분석하는 것이다. 이렇게 한다면 풍수적인 상위개념인 혈은 완성된다. 또한 분명히 해결될 것이다.

여섯 번째가 희망을 갖는 것이다. 혈을 찾아 조상을 모신다면 분명 나의 후손 중에 누군가는 대통령이 될 것이란 희망적인 바람이다. 필자가 다녀 본 경험과학이지만 이는 100% 과학이다. 절대 미신이 아니며, 필자의 저서『穴 人子 須智』에서 다루었던 내용이다. 그곳에 분명하고 명확한 답이 있다.

그리고 마지막으로 당부의 말씀이 있다. 풍수에도 '3초의 법칙'이 적용된다. 혈 자리를 보고 곧바로 판단하는 것이 아니라 3초의 여유, 마법, 기적, 비밀, 법칙, 미학 등의 의미를 적용하여야 한다. 3초는 우리들에게, 특히 풍수를 사랑하는 사람들에게 반드시 필요한 의미가 있는 용어가 될 것이다. 추천의 뜻을 강조하는 가장 큰 이유가 여기에 있다.

이재영

목차

머리글

I 대통령이란

13 연구의 범위   15 선행 연구

14 분석 방법

II 현장 분석에 필요한 판단 방법의 이론

34 혈증 6악   53 재혈

36 3성   55 장사

37 혈상의 종류   55 성토

41 혈격   56 시울

43 1분합   57 'j' 자 원리

44 선룡과 선수   57 역룡의 이해

45 음중 양(양중 음)   58 봉분의 크기

46 입혈맥   59 봉분의 형태

46 5다 원칙   60 입수의 종류

48 계명   63 횡혈

48 상룡과 상혈   64 선룡에 의한 귀부가 존재

49 종선과 횡선   64 집에 관한 이론

51 혈의 크기   67 회룡고조

51 관성의 법칙

III 역대 대통령의 풍수

70   윤보선 대통령의 조상 묘지와 집

84   박정희와 박근혜 대통령의 조상과 집

98   최규하 대통령의 조상

125   전두환 대통령의 생가와 조상 묘지

143   노태우 대통령의 생가와 조상 묘지

163   김영삼 대통령의 조상 묘지와 집

176   김대중 대통령의 조상 묘지

192   노무현 대통령의 조상과 집

203   이명박 대통령의 조상 묘지와 집

IV 결과에 대한 이해

219   혈(정와)   224   봉분의 형태

222   입수 방법   226   'j'자 원리와 시울

223   선룡선수   227   훼손

V 결론

참고문헌

I

대통령이란

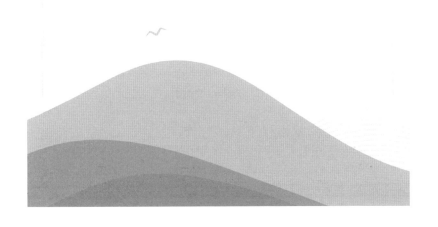

우리나라에서 대통령은 제일 직책이 높다. 자의든 타의든 요인이든 어떤 기준으로 측정한들 최고의 자리이다. 이를 풍수로 평가가 가능할까? 대통령에 대한 치적은 무시하고 어떻게 해서 대통령이 탄생된 걸까? 이에 대한 물음에 대한 답변을 조사하고 분석하는 데 목적이 있다.

대통령은 아무나 될까? 고려나 조선 시대 때는 임금이 최고였다. 대대로 이어지는 연속성이 있었지만, 지금의 대통령은 그때와는 다르다. 선거나 기타 다른 방법에 따라 통수권자가 되었다. 이처럼 과거와는 다른 각도로 경쟁에 의한 희망적인 도구로 사용된 것이 사실이다.

대통령의 탄생에 대해서는 다양한 학문에서 여러 각도로 분석될 것이다. 그에 비해 풍수적으로 대통령의 탄생을 직접적으로 논한 경우는 거의 없으며, 이에 따라 혈증의 방법으로 분석해 보는 것이 정답으로 인식됐다.

◆ 연구의 범위

1) 인적 범위

우리나라의 대통령은 초대 이승만, 윤보선, 박정희, 최규하, 전두환, 노태우, 김영삼, 김대중, 노무현, 이명박, 박근혜, 현 대통령인 문재인 대통령에 이르기까지 12인이다. 이 중 이승만 대통령은 선친의 묘소들이 북한에 있어 분석이 불가하며, 문재인 대통령은 현직이기도 하지만 부모를 제외한 나머지 조상들의 묘지는 이승만 대통령과 같은 이유로 조사를 할 수가 없다. 따라서 이 두 명의 대통령은 연구범위에서 제외됐다. 다만 훼손의 문제는 남아 있지만, 앞으로 통일이 된다면 기회는 주어질 것이다.

2) 조사 범위

전임 대통령에 대한 조사는 위치를 알고 있는 전 개소를 대상으로 했다. 부득이 알 수 없는 조상들에 대해서는 그 당시 상대한 후보들에 한해서도 조사 범위에 넣었다. 이명박 대통령의 경우로 혈증으로 분석되는 개소가 1곳이며, 고조

이상은 알 길이 없어 경쟁자였던 정동영 후보를 비교하기 위해 간접적인 방법으로 분석했다. 지역은 세부적으로 대구와 경상도를 중심으로 하여 충청도 아산, 강원도 원주, 전라도 신안 등을 대상으로 현장 위주의 분석을 했다.

3) 대상의 범위

전임 대통령의 생가와 조상의 묘지가 분석의 대상이 됐다. 하지만 생가 확인이 불가능한 이명박 대통령[1]과 불명확한 노무현 대통령[2]에 대해서는 확인할 방법이 없어 생략했다.

◈ 분석 방법

풍수에서 의미 있게 주어지는 용 · 혈 · 사 · 수 · 향 전체는 범위가 너무나 넓고, 이를 분석하고 비교를 하는 데도 한계가 따르며, 조사를 한들 풍수의 핵심은 아니기 때문에 필자

---

1   이명박 대통령은 일본 태생이라는 설이 있고 포항은 어릴 때 생활한 것으로 이해된다.
2   노무현 대통령의 경우, 지금의 생가가 태어난 곳이 아니라는 사실이 진영의 농협장에 의해 밝혀졌으며 바위의 주변이라는 등 정확성이 떨어진다. 이에 따라 생가에 대한 분석은 생략했다.

또한 무의미로 일관되므로 생략했다. 해결책은 혈이기에 혈만 다루었다. 실제로 혈증만 다루면 풍수의 결정권은 주어진다. 간룡, 장풍, 득수, 좌향 등 형국은 다루기도 어렵고 분석을 한들 그 대상을 비교한다는 자체가 무의미하므로 풍수의 핵심인 혈을 다루고자 한 것이다.

혈은 혈증으로 말하는데, 기운을 분석하는 데 결정적인 요소이기도 하다. 이에 따라 풍수의 핵심인 혈에 대한 분석으로 한정한 것이다. 방법은 아주 단순하다. 이는 혈을 생성하는 증거들의 수집이다. 이를 '혈증'이라 하며 혈증의 의미는 제2장에서 설명하였다.

◈ 선행 연구

역대 대통령에 대한 선행 연구가 많은 편은 아니다. 무게가 실리고 상당히 뜻이 있기도 했지만, 부담감이 작용한 탓인지 연구서나 서책이 눈에 잘 띄지 않는 정도로 분량이 극히 적다.

🔍 강희종
저자는 윤보선 대통령의 자리를 감평하면서 다음과 같이

설명했다.[3] 와상으로 이루어진 대명당 터이나 재혈이 잘못됐다고 했으며, 너무나 깊이 파는 바람에 혈이 파손됐다고 평했다. 또한 그 아래에 있는 부모의 자리가 혈이 되었다고 말하면서 의자가 있는 곳에 귀성이 존재한다고도 했다. 그리고 안산도 부봉을 이루어 좋다고 평했다. 부친 산소 아래 마지막 산소가 와상으로 혈이 되었다고 평하면서, 주산에서 용맥이 흐르면서 와상의 혈이 2개나 맺혔다고 설명했다.

또한 이곳에서는 대통령 본인을 포함하여 혈의 존재가 3개나 있다고 분석했다. 아마도 유일하게 혈증 5악에 대한 의미가 표출된 것 같다. 그러나 구체적이지는 못했을 뿐 아니라 너무나 주관적이고 혈증을 다루지 못한 것이 사실이다.

또한 전두환 대통령의 부모 묘지에 대해서는 다음과 같이 평했다.

• • •

청룡 백호사의 사격들이 배반하지 않고 가지런히 교쇄된다.

청룡이 높아 웅기하고 있어 속발하는 당대 발복지이다.

모친이 1968년도에 운명했으니 승승장구하여 대통령이 되었다.

3   강희종, 『내가 잡은 명당』, 명산출판사, 1999, pp.177–206.

자손들이 수없이 배출될 것이다.

좌측 내청룡에 비석비토가 있어 좋다.

이곳에 후손들이 묘지의 발복으로 장성급의 인물이 배출될 것이다.[4]

위와 같이 설명하면서 배운 대로 거짓말하지 않고 쓴 것이니 오해 없기를 바란다고 덧붙였다. 이 또한 너무나 주관적이며 구체적이지 못하고 단편적이다. 물론 이 장에서도 혈증을 다루지는 못했다.

박정희 대통령의 생가와 부모와 조모의 묘지에 대해서는 다음과 같이 평가했다.

• • •

군왕 사격이 특이하다.

동사택으로 대군주가 태어나는 곳이다.

박 대통령은 금오산의 정기를 받고 태어난 것이다.

수원 백씨들의 제단이 있는 곳이 명당이다.

조모의 산소는 왕룡이지만 명당은 아니다.

—

4   위의 책, pp.194-195.

부모님 산소는 재혈법도 틀리고 이런 곳에는 산소를 모시면 흉이 되는 곳이다.

흉석은 이금치사로 자손들이 다친다.

가정불화에 일조 파산이 된다.

사건으로 운명을 달리한 대통령과 가족의 피해는 이 흉석 때문이다.

박 대통령은 생가로 기운이 표출됐고 흉석으로 피해를 봤다.[5]

이상과 같은 피해가 있으므로 조모와 부모의 묘지는 이장을 하여야 한다고 주장했다. 그러나 혈증에 대한 분석은 마찬가지로 하지를 못했다. 단순한 개인의 논리에 따른 설명의 주관이 너무나 많이 있는 것으로, 혈을 검증하는 내용과는 다소 거리가 있다. 이는 객관적이거나 과학적인 방법으로의 접근 방법에서도 거리가 멀다.

또한 풍수 혈을 증명하는 의미로서도 너무 약한 설명이다. 혈증은 사신사도 용맥도 물도 좌향도 정답이 될 수 없다. 혈증은 말 그대로 혈을 증명하는 것이어야 한다. 그 혈증이 바로 6악과 3성 등이기 때문이다.

---

5   위의 책, pp.196-206.

🔍 김두규[6]

전직 대통령에 대한 저자의 견해는 다음과 같다. 윤보선 대통령에 대해서는 생가가 일자문성의 토형으로 좋으며, 조상 묘지에 대해서는 사신사가 비룡산(飛龍山)으로 되어 있어 예사롭지 않음을 표현했다.

박정희 대통령에 대해서는 생가에 현릉사가 있어 와혈이라 칭하면서 신혼부부가 와서 자면 좋겠다고 했다.

전두환 대통령에 대해서는 '못재'의 조상 묘지는 좋아서 암장을 했으며, 생가는 박정희 대통령의 생가처럼 청룡 끝에 위치해 있다고 설명했다.

노태우 대통령에 대해서는 생가와 이장한 부모의 묘지 덕분으로 승승장구했다고 설명하기도 했다.

김영삼 대통령에 대해서는 생가와 부모, 조부모의 묘지가 길지임을 강조하면서 '영구입해형', '장군패검형' 등으로 형국에 관해 설명으로 일관한 것이 대부분이다.

김대중 대통령에 대해서는 청룡 줄기의 생가와 부모의 묘지 이장으로 목적을 이루었다고 설명했다.

노무현 대통령에 대해서는 부친의 자리가 삼길육수 등이

---

6   김두규, 『13마리 용의 비밀』, 랜덤하우스, 2007, pp.59-205.

돋보인다는 설명과 입수의 돌이 좋다는 의미로 설명했다.

이명박 대통령에 대해서는 지기를 받았으나 기운은 약하다고 했다. 지종학, 민병삼 교수의 조언을 받아 증조모와 조모 묘지가 길지임을 간접적으로 나타내기도 했다. 그러면서 청계천의 복원이 성공적이었다고 덧붙이며 대권에 영향을 끼치겠다는 내용도 언급됐다.

박근혜 대통령에 대해서는 앞산의 정기를 받았다고 했다. 생가는 대구시 중구 삼덕동 5-2번지인데, 이에 대한 내용은 지세에 관한 것으로 용맥이 길하다는 일반적인 주장이 대부분이다. 부모의 무덤은 물이 차서 문제가 있는 듯이 언급했다.

이러한 방법으로 설명하고 있지만 어느 곳에서도 혈증에 대한 설명은 없고 객관적이지도 못했다. 용과 사신사, 물과 형국으로 일관한 것으로 혈증에 대한 내용은 전연 찾아볼 수 없었다. 앞에서도 언급하였지만 혈증은 혈을 증명하는 요소들이다. 혈에는 요소들이 있으므로 혈을 보필함으로써 혈이 되는 것으로, 혈증이 없으면 혈이 생성될 수가 없기 때문인데 그러한 내용은 온데간데없다.

🔍 권창근[7]

대통령 생가에 대한 분석이 전부였다. 저자는 「대통령 생가에 관한 풍수지리적 고찰」에서 박정희 대통령, 전두환 대통령, 노태우 대통령의 집의 배치 등에 대해 자세히 분석했다. 분석의 방법은 대통령에 대한 용·혈·사·수·향의 5요소로 분석했다. 분석의 특징은 집인 만큼 배산임수에 주안점을 둔 분석으로 모두 적절하다고 표현했다. 이는 일부에 해당되는 분석으로, 대통령이라는 전체적인 분석에는 한계가 있으며 혈증에 대해서도 다루지 못했다.

이처럼 전직 대통령에 대한 분석을 하면서 단편적으로 분석한 것은 너무나 주관적으로 한쪽으로 치우칠 가능성이 대두된다. 풍수 혈의 기운은 유한하다. 뼈가 삭아져 없어질 때까지 그 기운이 전달된다고 인식되는 것이 혈의 논리인데, 그럼에도 불구하고 DNA의 전달은 부모가 마지막인 것처럼 기운에 대한 해석을 하는 것은 무리이다.

따라서 필자는 전직 대통령의 부모·조부모·증조·고조대를 넘어 5대조, 6대조까지 조사 범위를 확대하여 분석한 것이다. 물론 조사 범위에 대한 전반적인 조사에는 한계가

---

7   권창근, 「대통령 생가에 관한 풍수지리적 고찰」, 영남대학교환경보건대학원, 2009.

있다. 이명박 대통령의 경우는 증조의 범위까지 분석했다. 그 이상은 행정관서나 풍수계를 활용한 여러 경로를 통해서도 확인되지 못해 조사를 하는 데는 한계가 따랐다. 이러한 경우에는 상대 후보를 비교해 간접적인 방법으로 분석한 것이다.

⚲ 박준모[8]

변호사로서 법학, 부동산학, 풍수지리학 등 다양하게 접근했다. 윤보선 대통령에 대한 분석을 하면서 전체가 아닌 일부분에 대해서만 표현했다. 윤보선 대통령의 고조부인 윤득실의 묘지가 좋아 해평 윤씨들의 부귀가 있었다고 말하면서 88향법으로 확인해 본 결과론으로 설명했다. 대통령에 대해서는 백호 쪽의 서남방이 일자문성에 의해 잠시 집권한 것이라고 표현하는 등 4신사로 나타내기도 했다.

하지만 혈에 관한 혈증 논리는 전무했다. 이는 변호사라는 직업에 비해 너무나도 황망했다. 필자가 변호사로서 나름의 기대가 있었던 만큼, 이러한 결과로는 상당히 미약하다는 평가로 아쉬움이 남아 있다. 특히 88향법 등의 기술적

---

8   박준모,『풍수지리강론』, 메가랜드, 2018, pp.154-158.

인 문제에 대해서는 이론이 많을 뿐 아니라 논리의 타당성에 있어서도 한계가 있어 혈증을 분석하는 데는 문제가 따른다.

🔍 이규원[9]

협판공 윤득실의 묘지와 윤 대통령의 묘지와 생가에 대해 설명했다. 혈증에 대한 내용보단 풍수 외적인 내용이 전부였다. 그것도 물과 향에 대한 내용이 대부분이었으며 집에 대해서는 동사택의 이론 등으로 분석한 바 있으나 길하다고 평했다. 이 또한 혈증에 대한 논리는 전무했다. 생가나 묘지에 대한 설명은 혈증으로 하여야 하는데 이에 대한 분석은 없다. 특히 동사택 이론은 부적정함에도 이러한 논리로 일관했다는 것은 한계가 있다.

동사택이든 서사택이든지 간에 맥로를 벗어난 3요는 기운적인 면에서 의미가 없다. 가만히 생각해 보면 기운의 정점은 맥선에 있어야 하는데, 맥로의 좌측이나 우측으로 치우치면 기운은 있을 수가 없을뿐더러 혈의 논리인 혈증과는 거리가 멀어진다. 이러한 논리로 볼 때 대통령 조상에 대한

---

9   이규원, 『명당은 살아 있다』, 글로세움, 2017, pp.330-339.

묘지나 생가의 분석은 전연 의미가 퇴색될 수밖에 없다.

🔍 지종학[10]

(1) 7대 대통령 선거

박정희의 경우 구미 상모동의 부모와 조부모와 하의도의 선고 묘지를 비교하면서 상모동은 나름대로 형식은 갖추고 구미 천생산의 조응은 의미가 있다고 하는 반면에, 김대중 후보의 하의도는 평범한 수준이라고 했다. 2곳을 놓고 비교하면 구미 박정희 대통령의 조상 묘지가 월등하다고 했다. 두 곳 모두 두루뭉술하게 설명되고 있으나 분명하게 나타내지는 못했다. 천생산 등을 나타내고 있음으로 봐서 4신사 혹은 조산으로 표현된 것으로 추론된다.

(2) 13대 대통령 선거

노태우 대통령의 부모 묘지에 대해서는 용맥이 부실하고 앞에 문필봉이 있으므로 그를 보고 조성한 것이나 별 의미는 없다고 했다. 김영삼 후보의 모친 묘지는 뒤편의 100m 정도의 맥이 변화가 없는 직룡이나 그나마 용맥을 타고 있

---

10 지종학, 『건강한 삶 성공한 삶 풍수지리, 풍수지리를 알면 인생이 바뀐다』, 프로 방스, 2015, pp.376-385.

어 위안이 된다고 했다. 김대중 후보는 산이 흘러가는 기슭에 있어 최소한의 맥도 없다. 김종필 후보는 경사가 급해 불안하다.

이상의 네 곳을 비교해서 보면 김영삼 후보의 모친 묘소는 뻣뻣할지언정 가장 좋다고 분석하면서 노태우 후보는 썩은 가지라도 붙잡고 있어 그나마 다행이라 하고, 나머지 두 곳은 상대적으로 떨어진다고 하면서 노태우 후보는 야권의 분열로 인해 어부지리로 당선되었으며 이는 하늘의 뜻이라는 의미로 표현했다. 하지만 용맥의 장단에 대한 분석으로 혈증에 대한 분석은 미흡했다.

⑶ 14대 대통령 선거

김영삼 후보와 김대중 후보는 위와 같다. 정주영 후보는 확인 불가로 표현되지 못했다. 앞에서 언급된 내용과 같이 김영삼 후보가 제일 무난하다고 설명했는데, 이는 구체적이지 못한 내용이며 혈증의 의미는 없다.

⑷ 15대 대통령 선거

김대중 후보는 경기도 용인으로 이장했는데, 근자에 보기 드물게 좋은 곳이다. 이에 반해 이회창 후보는 정상적인 맥을 받지 못했다고 평했다. 이처럼 모든 설명이 용맥에 관한 내용으로 이루어져 있으며, 필자가 말하는 혈증의 분석에 대해서는 전무했다.

⑸ 16대 대통령 선거

노무현 후보는 평범한 자리로 친근감이 간다고 했으며, 이회창 후보는 아파트 단지로 주변이 훼손되었다고 설명했다. 이곳에 이 후보의 부친을 장사했다. 이곳 역시 풍수상의 특별한 의미는 설명되지 않았다. 훼손 여부와 평범한 묘지 정도의 설명으로 분석한 것이 전부였다.

⑹ 17대 대통령 선거

이명박 후보에 대해서는 이천 호법의 용세는 마치 럭비공처럼 어디로 튈지를 모르는 중구난방의 형태이며, 정동영 후보는 조부모 묘지는 좋은 자리이지만 부모의 묘지는 바위에 갇혀 있어 흉하다고 말했다. 이회창 후보는 신양면 녹문리로 이장을 하였으나 여의치 못한 곳이라 평했다. 세 곳 모두 용맥에 대한 해석 정도로, 혈증에 대한 분석은 어디에서도 찾아볼 수 없다.

⑺ 18대 대통령 선거

박근혜 후보의 부모 묘지인 국립묘지 안의 자리를 논하면서 조금 뒤쪽으로 옮겨 가야 좋은 자리가 되는데 지금의 자리는 산이 끝나고 맥이 끝난 지점에 자리하고 있으며 한강의 물이 반궁으로 치고 빠지는 불리한 형태라고 표현했다. 이곳 역시 혈증에 대한 의미는 없다. 또 문재인 후보는 맥도 없고 주산도 없어 바람을 타기 쉬운 곳이란 평으로, 주변이 훼손됐다고 평했다. 이러한 분석은 용과 물로 설명된 것이 대부분이다.

용맥의 부실은 대통령 임기 중에 표출되는 경향이 있다고도 표현했다. 윤보선 대통령은 모호한 용세, 박정희 대통령은 선영의 흉한 바위, 전두환 대통령은 물 빠짐, 노태우 대통령은 무기력함, 김영삼 대통령은 뻣뻣함, 김대중 대통령의 재혈 미스, 노무현 대통령은 호전적인 모습, 이명박 대통령의 좌충우돌의 용세와 탁한 연못 등을 탓했다.

이처럼 용과 수와 사신사와 산의 훼손 등으로 표현된 것이 대부분으로, 부모의 선영만을 표현했다. 이러한 분석은 풍수적인 한계에 문제가 있다. 한 문중에 대한 혈의 기운은 그 가족의 계선 라인의 기운 분석이 되어야만 가능하다. 그러나 이같이 일부분인 부모의 기운만 논하는 것은 대통령의 묘지라는 기준의 분석에 부족함이 따르며, 혈증에 의한 분석이 전연 없어 기운의 분석에는 한계가 따를 수밖에 없다.

혈을 증명하는 것이 혈증인데 대통령의 조상 묘지를 분석하면서 막연하게 설명된 것이나 용맥, 사신사 정도로 분석한 것은 혈증이 아니다. 혈증은 혈을 증명하는 요소인 만큼 6악이나 3성, 혈4상 등을 논해야 정상이다. 그런데 논한 것에 대한 의미는 혈증과는 거리가 너무 멀고 혈증의 설명이 없다.

🔍 조광

역대 대통령의 선영을 설명하면서 박정희 대통령에 대해서는 부모의 묘지 앞에 있는 바위가 모난 것이 살상을 당한 것으로 해석하였고, 김대중 대통령에 대해서는 용인으로 이장한 묘지로 대통령이 되었다는 아주 단순한 논리로 전개됐다. 노무현 대통령에 대해서는 주산과 안산에 비해 청룡과 백호가 약하다는 논리로 설명됐고, 4신사에 대한 언급으로 마무리했다. 이명박 대통령에 대해서는 선대 묘지가 청룡보단 백호가 강하다는 표현으로 노무현 대통령과 같은 4신사로 표현됐다.[11]

이처럼 혈증에 관한 내용보단 4신사에 의한 표현이 대부분이다. 이러한 표현 방법은 큰 개념의 스케일로 혈증을 이해

---

11 조광, 『당의 유혹』, 행복에너지, 2017, pp.121~133.

하는 데는 한계가 따른다. 특히 혈을 분석하는 혈증의 의미는 없다. 혈증인 6악, 3성, 혈4상에 대한 분석은 전무하다.

　※ 따라서 필자는 다음을 중시하는 의미로 참고하여 분석할 것이다.

• 대통령이 된 풍수적 이유를 밝힌 서책이 없다.
• 대통령 조상 묘지와 생가에 대한 전체적인 언급이 없다.
• 풍수 외적인 설명 위주의 분석으로, 혈증 위주 분석이 없다.
• 구렁이 담 너머 가는 논리로 풍수의 궁금증만 증폭되어 확실한 분석이 없다.
• 용 · 혈 · 사 · 수 · 향에 의한 결과론적인 설명으로, 혈증에 대한 분석이 없다.
• 두루뭉술한 논리가 혈증인 양 좋은 자리인 것처럼 이해되는 것을 사양하는 방법론으로서 혈증인 6악, 3성, 4상, 선룡선수, 음중 양, 1분합, 5다 원칙 등으로 분석할 것이다.

II

현장 분석에 필요한
판단 방법의 이론

현장은 혈증을 위주로 분석할 것이다. 혈은 주관성이 아니라 객관성이 있고 정확도가 높기 때문에 혈을 증명하는 혈증으로 찾아야 실수가 따르지 않는다. 4신사를 놓고 한번 분석해 보면 이해가 될 것이다. 묏자리의 위치를 선정할 때 4신사로 선정하면 전후좌우로 움직여도 자리나 좌향이 같아진다. 이는 너무나 허무맹랑하다. 혈증은 그러하지가 않다. 운신의 여유 폭이 없고 여지가 거의 없다.

우리의 얼굴을 보면 중앙에 있는 코가 혈이다. 코를 전후좌우로 움직인다면 이상한 얼굴 모양이 될 것이다. 코를 전후좌우로 움직일 수도, 움직여서도 되지 않는 이치와 같다. 오직 얼굴의 중앙에는 코가 위치해야만 한다. 혈증의 원리에 대한 이론이 바로 혈이고, 이것이 우리 얼굴의 코와 같다는 설명이다. 이게 혈증이고, 이 혈증이 코이다. 이는 객관적이고 과학적인 100%의 기본적인 혈인 것이다.

이러한 발견의 관산법은 특이하다. 목이 긴 장화를 신고 관산을 하여야 뱀 등 취약 동물에 물리지 않아 마음 놓고 관산이 가능하다. 안전사고를 예방하기 위한 관산법이 되어야 한다는 것이다. 장화를 신어야만 혈증을 보호하는 측면의 혈증 보기가 이루어진다. 일반적으로 묘지만 보는 관산이 많은데, 이는 아주 잘못된 관산이므로 고쳐야만 된다. 묘지의 측면에는 돌이 많고 뱀이나 쥐들이 있지만 3성 등을 알기 위해서는 꼭 확인해야만 하는 필수적인 요소이다.

또한 산의 움직임은 측면에서 나타나기 때문이다. 측면을 보아야만 산의 움직임, 멈춤, 돌아가는 선룡 등이 확인된다. 측면 보는 것을 등한시하면 평탄면만 보게 되므로 전체를 보는 지표면 읽기는 되지 않는다. 이러한 관산법은 올바른 분석이 불가능하다. 일차적으로 선룡이 이해되어야 된다. 좌선이면 우측에서 마무리가 되어야 하며, 우측에는 끝나는 골짜기가 있어야 된다는 의미이다. 우선이면 반대로 좌측에 끝나는 골짜기가 형성되어야만 된다. 이러한 모양이 아니면 산은 전진하는 운동성이 되어 혈은 온데간데없다. 이는 정지가 없는 못 멈춤이 되는 것이다.

따라서 목이 긴 장화를 신고 맥의 양 측면부터 보면 멈춤, 선룡, 산의 움직임 등을 확인하여야 한다. 이를 보고 판단하는 것이 지표면을 얼마나 잘 보는지에 대한 분석법이다. 이러한 것이 되지 않는다면 현장을 살피는 데는 한계가 따르며, 자칫 잘못된 관산으로 혈증을 놓쳐 버리게 된다.

◆ 혈증 6악

6악은 혈증에서 가장 중요시되는 아주 기본적인 구성 요소로서 입수를 비롯하여 전순, 양 선익, 입혈, 혈이 그 대상이다. 입수는 용맥을 통한 기운이 들어찬 곳으로 소(小)개장과 동시에 입혈맥으로 기운을 내려 주는 역할을 한다. 이때의 기운이 혈의 완성도를 높이는 데 대한 요소이다.

전순은 입수에서 진행된 혈 등이 제대로 기능하도록 하는 역할로 마무리를 하는 조직이다. 이 조직은 혈장의 요소에서 가장 하단부에 위치하며 끝의 종지부를 찍는 역할이 되므로 대단히 중요한 기관이다.

양 선익은 혈상의 좌우를 관장하는 조직체로서 작은 바람은 물론 6렴 등의 침범을 막아 주며 혈을 위해 응기 · 응축을 다하는 기능을 한다. 규모가 큰 것은 연익이며 선익 외측에 있다. 연익은 선익과 용호의 중간에 위치한다. 경우에 따라 완충적인 역할을 하기도 한다. 입혈맥은 물의 분수가 주 목적으로 이를 상분이라 하여 1분합의 가장 기본이 되고 물길을 양분하는 역할을 한다. 이 맥이 없으면 계명도 없으므로 입혈맥이 계명을 요하는 요소이다. 이는 분수척상과 같은 기능이다.

6악의 핵은 혈이다. 혈은 정중앙에 위치한다. 전후좌우의 4방에서 호위를 받아 양산된 것이 혈이다. 아무리 제대로의 혈을 만들고자 한들 호위병이 없으면 불가능하듯 이들 호위병의 도움으로 혈은 생성된다. 이처럼 혈증인 6악은 가장 기본이 되는 요소로 그 기능만큼이나 중요하다. 이는 혈의 가장 기본적이면서도 기초적인 요소이기 때문에 이를 무시해서는 곤란하다.

[그림 1] **6악의 변천**(4악, 5악, 6악)

고전4악   현대5악   필자5악   필자6악(입혈맥)

◆ 3성

　3성은 혈을 이루는 데 있어서 간접적인 요소로 혈을 보다 더 견고하게 하고 기운을 배가시키는 것으로 귀성, 관성, 요성을 말한다. 귀성은 입수의 주변에 붙어 이를 밀어주므로 입수가 제 기능을 하도록 부수적인 도움을 주는 역할을 한다. 관성은 전순에 붙어 기운이 멈추어지도록 하는 역할로, 전순의 기능을 점차 배가시켜 준다. 관성의 부착은 혈의 완성도를 높이는 데 가장 큰 기여를 하는 요소의 하나이다.

　요성은 좌우의 양 선익에 붙어 그 기능을 돕는다. 요성은 2가지 형태로 파조와 타탕이 있어 비교된다. 파조는 길게 붙는 형태로, 타탕은 둔덕처럼 붙는 형태가 되며 밀어주는 힘은 파조보다 강력하다.

　3성 모두 6악에 도움을 주는 요소로, 3성 자체로는 혈이 생성되지 못한다. 항상 입혈맥과 혈을 제외한 4악에 붙어 있어 간접적인 도움을 주는 역할을 한다. 3성이 붙은 4악은 기운이 아주 좋아 보는 만큼의 크기보다 기운이 더 크다.

　[그림 2]에서 ①은 입수로서 그 주변에 붙어 있는 3성은 귀성이다. ③은 선익으로, 이에 붙은 3성은 요성이다. ③의 요성은 파조이며 주변에 붙어 있는 요성은 타탕이다. 타탕은 파조에 비해 그 힘이 크다. 파조는 기운의 전달이 갈라지

기 때문에 덜한 형태가 된다. ④는 우선익이며, ⑤는 관성이다.

이처럼 3성은 입수의 주변에는 귀성이, 좌우의 선익에는 요성이, 전순에는 관성이 있어, 이들 세 군데에 붙어 있다고 하여 3성이라 한다. 3성이 배치에 따라 힘이 배가될 때 그 길함은 많이 더해진다. 3성은 6악보단 뒤떨어지지만 차선책으론 현장에 있어야만 보다 나은 기운이 창출되므로 간접적이면서도 필요한 요소가 되는 것이다.

[그림 2] **3성의 이해**

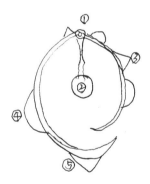

◆ 혈상의 종류

혈의 4상은 필수적으로 대단히 중요하다. 엄마가 아기를 낳으면 가장 먼저 하는 일이 이름을 짓는 것이다. 혈도 마찬가지로 '명당이다'라고 하는 것이나 '4신사가 좋다'라고 하는 것은 풍수 상식이 아니다. 혈이 되려면 혈명이 있어야 한다. 그것이 '혈4상'이다. 아기의 이름이 없다면 크도록 부를 이름이 없다. 이는 명당이라면서 이름이 없는 것과 같다.

혈4상에 대해서는 우리의 손바닥을 오므렸다가 펼치는 방법으로 이해하면 쉽다. 이는 와혈, 겸혈, 유혈, 돌혈의 4가지가 된다. 혈상은 혈의 이름을 지칭한 것으로 가장 기본적인 말이다. 혈증을 확인하고 나면 혈상이 분석되는데, 그이름이 와·겸·유·돌의 혈 이름이다. 쉽게 이해를 하기위해 손에 나타낸 모양이 [그림 3]과 같다. 와혈은 꼬부린손바닥의 모양이며, 90°를 틀면 겸혈이 된다. 유혈은 겸혈의 손 모양에서 재차 90°를 같은 방향으로 틀면 된다. 돌혈은 유혈의 손 모양에서 주먹을 쥐면 된다. 이와 같이 손 모양을 몇 번 반복해서 만들어 보면 금방 익힐 수 있다.

[그림 3] **손에 의한 혈 4상**

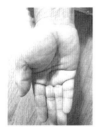 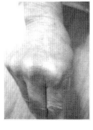 

| 와혈 | 겸혈 | 유혈 | 돌혈 |

이는 다시 각각 6가지로 구분된다. 6악을 모양별로 구분한 것이 혈상이고, 그 혈상을 세부적으로 다룬 것이 복잡하지만 이해해야만 한다. 이는 명당이라고 지칭하면서 이름이 없는 사람과 비교된다. 부모가 자식을 낳으면 이름을 짓듯 혈이 된다면 혈명이 혈상의 세부적인 이름이 되는 것이다. 그 이름을 살펴보면, 와혈은 정와, 협와, 변화가 있으며 그 깊이에 따라 얕으면 천와, 깊으면 심와이다. 즉 이는 정와이면서 천와 정와이면서 심와로, 협와이면서 천와로 협와와 심와로, 변와와 천와, 변와와 심와의 6개로 구분된다.

겸혈은 장겸과 중겸, 단겸으로 나누어지며 모양이 곡직에 따라 장겸이면서 곡겸과 직겸으로, 중겸이면서 곡겸과 직겸으로, 단겸이면서 곡겸과 직겸으로 6개가 된다.

유혈은 장유, 중유, 단유로 그 크기에 따라 대유와 소유로 구분되며, 장유이면서 대유와 소유로, 중유이면서 대유와 소유로, 단유이면서 대유와 소유로 6개가 된다.

돌혈은 대돌, 중돌, 소돌로 구분되며 산과 들판에 따라 평돌과 산돌이 있다. 평돌은 득수국일 때이고, 산돌은 장풍국일 때이다.[12] 대돌이면서 평돌과 산돌, 중돌이면서 평돌

---

12 평돌은 주위가 물로 되어 있을 때이다. 주변이 물로 되어 있으면 산과는 거리가 있다. 산돌은 주변이 청룡과 백호로 되어 있으므로 산속에 있는 경우가 많다. 따

과 산돌, 소돌이면서 평돌과 산돌로 6종이 된다. 이처럼 세부적인 구분이 되어야 비로소 완전한 혈명이 완성되며 이름이 지어지는 것이다.

또한 돌혈엔 공통적인 특징이 있다. 봉우리 정상에 있다는 진리가 돌혈이다. 최정상의 봉우리는 혈이 된다. 입수는 올라오는 산에, 전순은 내려가는 산에 위치한다. 이러한 흐름은 유혈과 돌혈에서만 존재한다. 입수를 지난 입혈은 최정상의 봉우리에는 혈이 생성되고 그 아래에는 전순이 되면서 한쪽으로 틀어 마무리가 되어야 한다. 이것이 돌혈에서는 가장 큰 특징이다. 산속에 있는 돌혈은 소돌이며, 들판에 있는 돌혈은 대돌이다. 이는 혈의 크기가 다른 것이다. 산곡돌은 원뿔의 정점인데 그 정점은 작아서 소돌이 되며, 평지에 있는 돌은 혈심이 작은 반면에 당판이 커서 대돌이 된다. 유혈도 의미는 같으며 봉우리(준)에 혈이 존재한다는 원칙은 같다.

라서 평돌은 득수국일 때, 산돌은 장풍국일 때 나타나는 현상이다. 일반적으로 평돌은 대돌이 주종을 이루고 있으며, 산돌은 솟은 봉우리가 대부분으로 소돌이 많다. 크기만 논한다면 산돌이 몸체가 커 대돌로 생각되지만 형태를 본다면 소돌이 되어야 한다. 그 이유는 혈판의 크기이기 때문이다. 소돌의 경우 사면의 덩치는 크지만 혈판이 작다. 그러므로 소돌이 맞고, 이에 비해 몸체가 작지만 혈판이 큰 것이 대돌이 되는 이치이다. 상당히 중요한 내용이 되며 소돌과 대돌을 구분 짓는 요소가 된다.

[그림 4] **혈4상의 세분류**

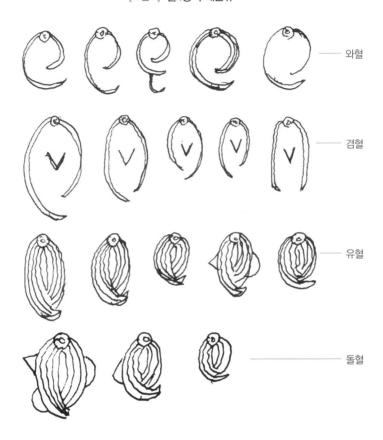

◆ 혈격

혈격은 3가지로 구분된다. 5격과 8격, 25격으로 나누어 지나 현장 분석에 필요한 것은 5격과 8격이다. 5격은 전순을 놓고 5행에 따른 구분으로 분석한다. 8격은 좌측과 우측의 선익에 붙은 파조와 타탕의 모양에 따라 구분한다. 이에 대한 많은 참고는 『혈 인자수지』가 될 것이다.

재혈을 하는 데는 혈격이 필수적이다. 혈격 없는 재혈은 앙꼬 없는 찐빵과도 같다. 5격은 유혈과 돌혈에서 사용되며 그 깊이가 깊고, 8격은 와혈과 겸혈에서 사용되며 선익에 의한 깊이로 그 깊이가 얕다. 이러한 의미로 와혈과 겸혈은 얕게 파는 천장이, 유혈과 돌혈은 깊게 파는 심장이 된다. 현장 분석 시에 혈상에 따른 재혈의 깊이를 참고해야 수직에 의한 깊이가 결정될 것이다. 이러한 분석이 아니면 혈증이 판단되더라도 깊이에 의한 재혈은 의미가 없어 엉망이 될 것이다.

[그림 5] **5격과 8격의 형태**

 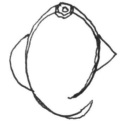

❖ 1분합

　1분합은 혈4상에서는 다르게 나타난다. 와혈은 정상적으로 상분과 하합이 이루어진다. 겸혈은 상분은 되나 하합은 2군데로 빠져나가는 물길로 올바르게 이루어지지 않는다. 유혈은 와혈이나 겸혈과 같이 상분은 정상적으로 이루어지나 하합은 되지 않는다. 돌혈은 와혈이나 겸혈, 유혈과 같이 상분은 되나 하합은 되지 않는다.

　상분은 혈 4상 모두에서 정상적으로 이루어지나 하합은 와혈만 가능하고 겸혈, 유혈, 돌혈은 이루어지지 않는다. 상분은 입혈맥이 있어야 가능하다. 입혈이 없는 상분은 없다. 혈의 손상은 마이너스적인 역할을 하여 큰 손해가 되어 사용하기에 곤란하다. [그림 6]에서 입혈맥을 기준으로 물길이 구분되는 것이 상분이며, 아래에서는 물길이 모인다. 이것이 1분합의 기본이다.[13]

[그림 6] **1분합**

13　[그림 6]은 와혈의 견취이며, 이 와혈이 혈상의 대부분이므로 이 혈상은 필히 이해해야 한다.

◈ 선룡과 선수

선룡과 선수는 2가지로 구분된다. 좌선룡에 좌선수가, 우선룡에 우선수가 되는 것이 일반적이다. 이렇게 되어야만 격이 맞고 물과 맥이 동거가 된다. 좌선룡에 우선수는 이루어지지 않을 뿐만 아니라 이루어질 수가 없다. 우선룡에 좌선수도 마찬가지로 불격(不格)이다. 이는 풍수 오판으로 사용되어서는 곤란하다. [14]

선룡이 되는 맥의 측면은 부드럽게 돌아간다. 이에 비해 반대쪽 맥의 측면은 거칠다. 즉, 거칠면 그 힘으로 용진을 하는 것이 아니다. 용진은 맥의 부드러운 측면으로 진행하기 때문에 울퉁불퉁한 면이 있다면 그 맥은 반대쪽의 측면의 힘으로 움직이게 된다. 이게 진리의 용진 형태이므로 선룡을 이해해야 하는 것이 순리이다.

[그림 7]에서는 선룡이 우선이며 선수도 같은 우선이다. 선룡 · 선수는 따로 노는 것이 아니라 같이 논다는 것이다.

---

14 이에 대한 이해는 추후 다른 서책 등의 출판물에서 다루기로 한다. '풍수 오판'이라는 주제로 다루어질 것이다.

[그림 7] **우선룡 우선수**

◆ 음중 양(양중 음)

음중의 양에서 양이 혈이 된다. 혈의 형태는 2가지로 음
혈인 와혈과 겸혈은 양이 되는 혈이 양산되어야 하며, 양혈
인 유혈과 돌혈은 양중 음이 되는 음혈이 되어야 한다. [그
림 8]은 와혈이다. 와혈은 음중 양이 되어야 하므로 양이 혈
이 된다.

[그림 8] **혈의 음과 양**

❖ 입혈맥

입혈맥은 물을 갈라 주는 역할과 물과 맥의 경계를 분석하는 계명의 기능을 읽어 내야 하는 역할이 입혈이다. 입혈이 없으면 분합의 상분도, 기운의 연결도, 계명도 이루어지지 않으며 혈이 생성되지 않는 통로가 되므로 상당히 중요하다. 입혈은 혈4상 모두 존재한다.

[그림 9] **입혈맥의 모양**

❖ 5다 원칙

혈의 5다 원칙은 산과 맥을 보는 기본적인 기술이다. 이는 5가지로 들었다, 벌렸다, 붙었다, 돌았다, 떨어졌다로 구분된다. 가장 먼저 산을 보는 기초적인 기능이다. 이 기능만 제대로 이해하면 산을 보는 기술이 한층 재미있고 산을 보는 눈이 배가된다.

산이 '들었다'는 높이 올라가는 형태의 둔덕이나 암석이 있다. 즉, 들린 형태가 이 말이다. 산이 내려서 가다가 들면 벌린다. 이가 좌나 우로 갈라지는 형태가 된다. '붙었다'는 의미는 둔덕이나 바위가 맥의 주변에 붙어 있는 것을 말한다. 통상 요성이나 요도가 된다. 혈에 붙으면 요성이 되지만 맥에 존치하면 요도가 되는 원리이다. '돌았다'는 것은 시울의 마지막이 'j' 자 모양이 되는 것이다. '떨어졌다'는 '들었다'와 대칭되는 용어로 맥과 하단부의 차이가 격차가 있는 것을 의미하는데, 떨어짐이 있으면 맥은 전진이 불가능하다. 전진이 없는 용맥은 멈추어지므로 혈이 생성될 가능성이 있다. 이상과 같이 5다 원칙은 산을 보는 기본이다.

[그림 10] **5다 원칙**

❖ 계명

계명은 경륜이 많은 농후한 지관지사가 묻는 용어이다. '계명이 분명한가?'라고 묻는 말은 혈이 되는가, 되지 않는가의 갈림길이 된다. 입혈맥과 물길인 상분의 경계를 보는 시각적인 기술이다. 계명이 분명하다는 것은 1분합이 제대로 되어 상분은 갈라지고 입혈은 제대로 된다는 것을 암시하는 말이 되어 고도의 기술이 집약된 용어로, 풍수를 하는 촌로들의 속뜻이 함축되어 있는 말이다.

[그림 11] **계명의 이해**

❖ 상룡과 상혈

상룡은 입수를 상할 정도로 종선과 횡선을 놓아 보았을 때 위쪽 입수로 치우친 경우이며, 상혈은 하단부의 전순으로 내려져 혈심이 상한 것을 의미한다. 용이 상했으면 상룡이 된다고 하였으며, 상혈은 혈이 상한다고 하여 이렇게 칭하였다. [그림 12]에서 좌측의 그림은 상룡이, 우측의 그림은 상혈이 되는 견취이다. 이러한 재혈은 효율성에서 백분율이 떨어지게 되는데, 이는 수평적인 장사의 방법이다. 수평의 장사는 호리지차의 의미가 강하므로 재혈의 중요성은 대단하다. 이를 현장에다 대입해서 보면 그 정도가 이해될 것이다.

[그림 12] **상룡과 상혈**

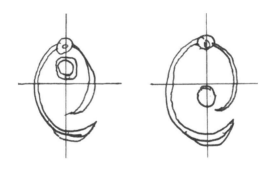

◆ 종선과 횡선

종선은 입수와 전순의 가운데 연결선이며 횡선은 양 선익의 황금각인 가장 큰 만곡부를 횡으로 하여 연결하면 된다. 이때 상호 둘 선이 만나는 곳이 시신의 배꼽이 되므로, 이를 중심으로 천광과 정위를 하여 작업하는 기준선이 된다. 이 기준선이 잘못되면 혈심이 망가지므로 긴장을 놓으면 좋지 못하다. 따라서 종선과 횡선은 지표면의 천광 기준이 되므로 대단히 중요하다.

[그림 13]에서 종선은 입수와 전순을 보고 연결하며, 횡선은 양 선익을 연결하면 '+'가 생긴다. 이 '+' 지점이 혈심이다. 혈심을 놓친 장사는 우리 얼굴의 코가 이동되는 원리와 같다. 6악 등의 혈증이 자연에 있다는 것이 가정된다면 코의 이동은 있을 수 없다. 4방위나 8방위의 필요성이 없는 주장과도 일치한다.[15]

[그림 13] **종선과 횡선**

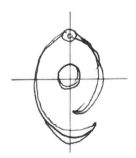

15   이는 패철의 기능이 무의미한 것으로 패철의 무용론을 주장한 내용과 의미가 같다.

◈ 혈의 크기

혈과 혈장은 구분된다. 그에 따른 중요도는 혈이 한층 더 높다. 혈의 크기는 1평 내외가 되므로 현장의 작업 시에는 필히 가늠하여 그 크기를 분석하거나 유추해야 올바른 판단이 가능해진다. 일반적으로 왕릉이나 사대부 민묘 등은 이러한 크기의 제한 없이 크게 장사하는 경향이 있다. 필히 혈의 크기를 보고 판단해야만 무리가 따르지 않는다. 선익의 크기로 보아도 가능성은 충분하다. 즉, 혈은 2m 내외의 둥근 형태이다. 이를 참고하여 크기를 감안하면 3.14평방으로 크지 않다.

◈ 관성의 법칙

관성엔 2가지가 있다. 뉴턴의 1법칙인 관성(慣性)과 혈증의 하나인 관성(官星)이 그것이다. 혈증인 관성은 앞에서도 언급하였지만, 慣性에는 운동관성과 정지관성의 2가지가 있다. 운동관성은 계속적으로 운동을 하는 성질이며, 정지관성은 정지 상태를 유지코자 하는 성상이다.

이해를 돕기 위해서는 2가지 실례를 들어 보고자 한다. 버스 안에서 급출발을 하면 사람은 뒤로 넘어진다. 이게 정지 관성의 보기이다. 정지한 상태에서는 물체가 정지하는 고집을 피우는 경향이 있어 운전기사는 출발 시에 천천히 작동한다. 이에 비해 운동관성은 계속적으로 운동하는 것을 즐겨한다. 진행하는 버스가 급제동할 경우, 그 속에 있는 사람은 앞으로 쏠려 나가게 되어 사고를 유발한다. 따라서 급제동이나 급출발을 하지 않는 기사가 운전을 잘하는 모범기사가 된다.

이처럼 慣性은 풍수에도 있다. 풍수 혈증에서 돌았다는 원칙이 있다. 산의 맥은 직진성을 갖고 있다. 좌 · 우측에 붙어 있는 사(砂, 沙)가 없으면 맥은 계속적으로 가는 것이 산의 특징이다. 그런데 어떤 행위에 의해 둥글게 움직인다면 주변에 방해를 하는 사가 있을 것이다. 이것이 둔덕이나 바위 등이다. 맥은 편맥(片脈)으로 흐른다. 맥을 2분의 1로 가상적으로 나누어 놓고 보면 한쪽 편의 힘으로 진행한다. 이것이 편맥이다. 좌우측이 균일하고 균형 있게 진행하는 예는 일부분을 제외하고는 극히 없다. 이처럼 산의 진행에서 이미 돌고 있다는 것이 편맥의 증거이다.

나머지가 암과 둔덕의 요도 지각이다. 이러한 영향으로 운동하던 산은 정지를 하게 된다. 그 이전의 상태가 운동관성이 되며 이후의 상태가 정지관성이 된다. 즉, 요도 지각은 운동을 하는 맥이 되며 암이나 둔덕은 정지하도록 하는 역할을 하여 혈이 생성된다. 이때의 혈이 정지관성에 의한 산물이다. 이러한 지형지물은 3성의 하나인 官星처럼 운동하고 정지토록 하는 행위의 정지와 운동의 관성이 존재하는 이유가 된다.

따라서 풍수 혈과 혈증은 관성의 법칙이 있다. 이를 현장에서 찾아 확인하는 관산이 되어야 올바른 혈증이 찾아진다. 나무도 마찬가지로 이해하면 되는데, 가지가 위로 크는 것은 운동관성이며, 가지가 아래로 처지면 정지관성이다. 정지가 되어야만 혈이 생성되는 원리로, 나무와 버스, 맥이 거의 같은 원리로 일맥상통한다.

◈ 재혈

1) 수평

재혈은 앞에서 언급한 것처럼 종선과 횡선을 측정하여 하면 된다. 이는 지표면의 상하좌우의 수평적인 재혈의 기준이다.

[그림 14] **수평의 재혈**

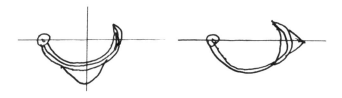

2) 수직

수직의 천광은 혈격을 알아야 된다. 와혈과 겸혈은 8격을 기준으로 분석하고, 유혈과 돌혈은 5격을 기준하여 재혈의 깊이를 판단하는 기술이다. 이를 무시한 재혈은 엉망이 된다.

[그림 15] **수직의 재혈**

◈ 장사

장사는 마지막 단계이다. 혈을 찾는 것이 100%라면 장사도 100%가 된다. 혈에다 장사가 엉망이면 6렴이 들며, 이런 경우에 혈이 망가지는 역할이 있다. 이처럼 장사는 가장 중요하다. 재혈된 곳의 하단부에는 숯을 사용하여 습온을 조절토록 하고 상부에는 흙을 섞지 않은 100% 석회로 하여야만 물의 침투를 막을 수 있다. 자세한 내용은 『혈 인자수지』에 기록되어 있으므로 참고가 될 것이다.

◈ 성토

성토는 5악에 대한 의미이다. 없는 봉분이 일정 부분 올라간다는 것을 이해하면 될 것이다. 봉분이 올라가면 바람을 받는다. 이 바람을 억제코자 한다면 나머지 5악에 성토가 되도록 해 주어야 한다. 이것이 성토를 해 주어야 하는 기본적인 흙의 활용 능력이 된다. 나머지 5악에다 성토가 이루어지지 않으면 바람과 물의 흐름이 망가질 수 있다. 이는 반드시 해 주어야 그에 따른 피해가 없다.

[그림 16] **6악의 성토**

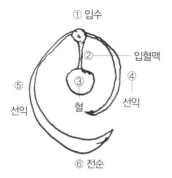

◈ 시울

　혈증의 요소인 선익, 전순 등에서 눈시울이나 입술처럼 휘거나 굽은 형태의 가장자리가 시울이다. 혈에서 시울은 보증 수표이다. 시울이 되지 못하면 혈은 생성되지 않는다. 그만큼 시울은 중요하다. 입수 아래 소(小)분맥 된 사(砂)가 일직선으로 진행된 것은 선익이 아니다. 선익이 되려면 돌아야 올바른 것이 된다. 일직선으로 진행된 맥은 시울이 아니기 때문이다. 또한 시울은 5다 원칙의 '돌았다'와 아주 유사하다. 즉, 혈에 시울이 없는 경우는 없다. 혈이라면 시울은 다 있다. 그러므로 돌아가는 형태의 모양은 혈이라면 반드시 있다.

　따라서 시울이 있어야만 혈이 된다. 이러한 시울은 돈다는 개념이 있어 원방각 중 원의 원리를 반드시 이해해야 된다.

◈ 'j' 자 원리

혈이라면 'j' 자의 원리가 있어야 된다. 이 'j' 자의 끝 모양은 낚시 고리와 같다. 이 모양은 마무리를 한다는 원리이다. 마무리한 'j'가 있어야만 혈이 된다. 맥이 계속적으로 전진만 한다면 혈은 만들어지지 않는다.

따라서 'j' 자 원리는 혈증인 만큼 대단히 중요하다. 이러한 원리는 선룡과 시울의 흐름과도 관계가 있으므로 반드시 알아야 하는 혈증의 요소 중 하나이다.

◈ 역룡의 이해

정상적인 용진은 전진하는 것이 일반적이다. 역룡은 편맥에서 이루어진다. 가는 맥이 반대편 맥으로 되돌아오는 기운이 역룡이다. 역룡은 반드시 증표가 있어야 된다.

그렇다면 역룡은 어떤 형태인가? 나무의 형태와 같다. 뿌리에서부터 나무의 끝인 초두부까지가 산의 움직임과 같다.

나무가 커짐에 따라 좌우측의 가지는 하늘로 향한다. 땅의 이러한 움직임이 정상적이다. 이에 비해 좌우측의 가지가 위를 향하는 것이 아니라 땅을 향한다면 이는 순룡이 아니라 역룡이다. 이때는 거꾸로 진행하는 꼴이 된다. 관산은 이 역룡의 용진을 보다 널리 응용해 산을 보는 기술이다. 이 점은 고난도의 풍수상 기술이다.

또 한 가지는 산 정상에 올라가는 방법이다. 산에는 올라가는 산이 있고, 내려가는 산이 있다. 올라가는 산은 완만한데 비해 내려가는 산은 급하다. 이는 상대적인 비교이다. 급하면 내려가는 산이 되고, 완만하면 올라가는 산이 된다.

◈ 봉분의 크기

1) 수평에 의한 봉분 크기

민묘의 봉분은 대부분 크다. 어느 정도라야 되는데, 커도 너무 큰 것이 탈이다. 수평에 의한 크기는 혈의 크기와 같다. 혈은 선익 안에 있고, 선익 안에는 물길이 있다. 즉, 혈은 물길 안에 있어야만 여러 가지 피해가 없다. 이를 이해코자 한다면 혈의 크기는 선익 안이 되어야 하며, 물길을 확인하여 그 안에 들어가게 봉분이 되어야 올바른 방법의 수평적 장사법이 해결된다.

2) 수직에 의한 봉분 크기

수직에 의한 봉분의 크기는 수평에 의한 크기의 2분의 1만 하면 된다. 높이가 너무 높으면 바람의 피해가 있을뿐더러 봉분이 무너지기 때문이다. 즉, 수평의 반지름이 1m라면 높이도 1m 정도면 된다. 보기에 좋다거나 혹은 이불이라는 핑계로 높고 넓게 해서는 곤란하다. 봉분이 높으면 바람의 영향을 받아야 하고, 바람이 불어오면 습기인 물도 봉분으로 오게 마련이다. 이렇게 된다면 쉽게 무너지는 현상이 나타난다.

따라서 역대 대통령의 조상 묘지에 대한 분석도 지관 · 지사에 의한 이러한 피해가 예상된다. 기회가 된다면 관리하는 차원에서도 이해가 필요하다고 본다.

❖ 봉분의 형태

대통령의 조상 묘지에 대한 봉분의 형태는 다양하다. 혈을 찾아 그곳에다 1인을 장사하는 1인 1혈의 단분이 있고, 혈 1곳에 2인이 들어가는 합분이 있다. 그리고 좌우 횡으로 부모나 할아버지·할머니를 장사하는 쌍분이 있다. 단분은 1인 1혈이다. 합분은 2인 1혈이다. 쌍분은 좌우로의 횡적 배치이다. 혈은 규격이 크지 않다. 합분은 혈 속에 들어가기가 쉽지 않다. 이에 비해 쌍분은 혈의 크기보다 넓고 혈을 벗어나는 경향이 많다.

이러한 논리로 볼 때, 단분은 혈 속에 장사할 수 있으나 합분과 쌍분은 문제가 된다. 그래도 합분은 혈의 크기 속에 들어가도록 하면 될 것이다. 이에 비해 쌍분은 아무리 좌우의 봉분을 가까이 놓는다 해도 거리가 뜬다. 거리가 뜨면 혈의 반경에서 벗어난다. 이러한 여러 가지 이유로 단분이 최적이다. 현장 확인 시 반드시 이해를 하고 올바른 분석이 되어야 할 것이다.

관산 시 이것이 올바르게 분석되는 경우는 극히 일부이다. 대부분 혈을 분석하면서 혈의 크기는 망각한 채 혈을 분석한다. 대단히 중요한 사항으로 혈증의 분석 시에는 제일 먼저 관찰해야 할 것이다.

◈ 입수의 종류

1) 종된 입수 방법

⑴ 직룡입수

직룡(直龍)은 곧바로 들어가는 형태의 입수 방법이다. 거의 대부분의 입수가 이 방법이다. 필자의 생각은 직룡보다는 선룡에 의한 방법이 더 적절한 표현으로 보인다. 'J' 자형태로 돌아서 마무리가 되므로 돌 '旋' 자에 용 '龍' 자로 사용함이 좋을 듯하다. 즉, 직룡입수는 없다. 선룡입수가 있을 뿐이다. 그렇다면 입수의 방법은 전부 다 선룡입수이다. 그렇지만 각각의 입수 방법이 있다면 그것을 활용하고, 그러한 세부적인 입수 방법이 없는 경우에는 직룡이 아닌 선룡입수로 봐야만 한다. 선룡에는 좌선과 우선이 있으며, 즉 좌선룡 입수인지 우선룡 입수인지를 구분해야 된다.

⑵ 비룡입수

돌혈에는 대부분 비룡(飛龍)입수이다. 올라가는 산에 의해 기운이 생성되어 혈을 양산하는 것이 되기 때문이다. 이 입수 방법은 기운이 아주 좋다.

⑶ 잠룡입수

잠룡(潛龍)은 하부의 밑에서 정상까지 쭉 올라가는 형태로 그 정상에 혈이 생성된다. 일반적으로 바닷가의 혈이 이러한 입수 방법으로 이루어진다고 하나, 필자는 한 번도 본 적이 없어 더 연구가 필요하다.

2) 횡으로의 입수 방법

⑴ 횡룡입수

횡룡(橫龍)은 90°를 튼 형태의 입수 방법이다. 이는 진행하는 곳에서 곧장 들어가는 입수의 형태이다. 횡혈은 횡룡에 의한 입수의 방법이다. 경상북도 김천시 농소면의 횡혈, 도청 검무산 뒤편의 횡혈, 예천 지보면의 판검사 배출의 횡혈 등이 이 혈에 의한 형태이다. 한참 내려가서 이루어지는 혈의 입수는 선룡에 의한 입수이므로 횡룡 입수와는 다르다.

⑵ 섬룡입수

섬룡(閃龍)은 귀사의 힘을 받아 그 영향으로 혈이 생성되는 입수 방법이다. 가는 귀사와 오는 귀사에 의거 당배가 형성되는 것으로 자리가 되지 않을 듯한 곳에 혈이 생성된다. 섬룡입수에는 필히 존재해야만 하는 것이 있다. 그것은 효순귀(孝順鬼)의 귀사가 있어야만 한다. 이는 필수 조건으로, 효순귀가 없으면 섬룡입수가 아니다. 이러한 자리는 8대 명당으로 알려진 김번의 묘지와 경상북도지사를 세 번 연임한 김관용도지사의 조부모 묘지 등에서 나타난다.

따라서 괴혈성이 섬룡에 의해 생성된다. 물론 괴혈도 혈증인 6악이 존재해야만 하는 것은 당연한 것이다.

3) 둥근(O) 형의 입수 방법

⑴ 회룡입수

회룡(回龍)은 빙빙 돌아서 들어오는 형태의 입수 방법이다. 먼 산에서 출발하여 둥근 형태로 들어오는 것이 회룡입수이다. 박정희 대통령의 생가가 이러한 입수로 들어간다.

※ 위와 같은 이치로 볼 때, 입수의 방법을 재구성하면 종류는 다음과 같다.

① 입수의 전체는 직룡이 아닌 선룡입수이다. 세부적인 입수 방법을 분석하여 판단하면 된다는 것이며 선룡에는 좌선과 우선이 있다.

② 회룡입수, ③ 횡룡입수, ④ 섬룡입수, ⑤ 비룡입수, ⑥ 잠룡입수가 된다.

◈ 횡혈

횡혈은 다음과 같은 특징이 있어야 한다. 만약에 하나라도 성립되는 것이 없으면 곤란하다.

- 가는 쪽이 떨어져야 함
- 전순이 있어야 함
- 위로 붙어 써야 함
- 당배귀사가 있어야 함
- 와혈이 되어야 함

◈ 선룡에 의한 귀부가 존재

⑴ 귀가 존재하는 좌선

좌선은 먼저 귀와 손을 주관한다. 그 후에는 부가 따라온다.

⑵ 부가 존재하는 우선

우선은 먼저 부를 주관한다.

◈ 집에 관한 이론

1) 배산임수

집에 관한 이론에서 가장 중요한 것이 배산이다. 산을 의지하고 집을 완성했는지에 대한 풍수 이론이다. 산의 의지

없이 물을 즐겨하는 경우나 앞산을 중시하여 집을 건축하는 것은 배산의 의미가 어긋난 방법으로 좋지 못하다. 우리가 앉아 쉬는 의자도 마찬가지로 배산의 개념이 된다. 등이 있는 의자와 없는 의자를 비교해 보면 이해가 될 것이다. 등이 있는 의자는 안전하며 쉽게 피곤을 느끼지 못하는 반면, 등이 없는 의자는 불안하고 쉬이 피곤을 느낀다. 이러한 차이가 건물의 뒤로 산이 있는 것과 없는 것의 차이이다.

그렇다고 측산은 아니다. 맥선의 힘을 받는 곳의 산이 배산이다. 옆이나 능선의 좌우측이 측산이다. 측산과 배산은 차이가 크다. 이러한 이론은 기운의 영향에도 많은 차이를 주곤 하므로 배산의 이해가 반드시 필요하다.

2) 전저후고

글자 그대로 해석하면 전저는 앞이 낮고 뒤가 높은 것이다. 이러한 해석은 말 그대로 언어적인 해석이다. 그럼 산 앞에 위치한 곳은 전부 전저후고인가? 아니다. 전저는 평탄지에서의 이해이다. 본 건물이 3단이면 부속건물을 2단이나 1단으로 하는 방법이다. 좌나 우측을 보고 1단과 2단은 구분하여 배치하면 된다. 3단이 높으므로 이를 후고라 하고, 1단과 2단이 낮으므로 이를 전저라 한다. 이게 전저후고의 방법론상의 배치로서 사람이 이렇게 해야 한다.

3) 전착후관

전착후관은 대문의 설치이다. 사람이 들어가고 나가는 출입문을 놓고 집 앞의 거리를 좁게 하는 방법이다. 대문을 설치함으로써 앞이 좁아지는 원리이다. 그러면 뒤는 넓어진다. 이것이 전착이고 후관이다. 전착에 따른 대문의 배치는 집 앞의 물길을 보고 결정한다. 건물 앞의 물길이 우측에서 나간다면 건물 안의 물길은 좌측에서 나가는 원리가 된다. 이러한 배치는 전저후고도 같은 원리이다. 산 지형의 맥로를 찾아 배산을 하는 배치도 사람이 찾아서 하는 것이며, 전저도 사람이 만들며, 전착도 사람이 해야 된다. 이들 3요소는 모두 사람에 의한 처방으로 집을 지을 때나 풍수 분석에 필요한 방법들이다.

4) 역수(逆水)와 거수(拒水)

집은 내수와 외수를 보고 판단해서 대문을 내어야 한다. 이러한 방법이 역수이다. 대문은 물이 시작되는 곳에 설치해야 좋으며 이렇게 해야만 거수를 만들 수 있다. 물이 나가는 쪽은 완전히 차단하여 물 샐 틈이 없도록 하는 것이 좋다. 이가 거수(拒水)이다. 마지막은 막아 주는 역할이 되도록 집을 설계하여야 안정감이 있고 자연스럽다.

◆ 회룡고조

회룡고조(回龍高祖)에는 혈과 형국이 있다. 회룡고조혈은
그 자리가 혈이 되어야만 붙일 수가 있는 반면에, 형국은 혈
이 되는 것이 아니라 형태가 유사한 경우에 붙이는 경우가
많다. 특히 전라도 지방에서는 이러한 형국의 종류를 많이
이해하는 경향이 있다. 즉, 회룡고조혈은 먼저 혈이 되어야
하고 그 혈이 오는 산을 바라다보는 향이 되어야 붙일 수 있
다. 이에 비해 오는 산을 바라다보는 것은 같지만 혈이 되지
않는 경우에 이름을 붙이는 것이 형국이다.

전자가 회룡고조혈(回龍高祖穴)이라면, 후자는 회룡고조형
(回龍高祖形)이다. 회룡고조이지만 혈이 된다면 회룡고조혈이
고, 혈이 되지 못하면 회룡고조형이 되는 것이다. 이는 결
국 혈의 여부에 따라 이름이 붙여지는 것이다.

Ⅲ

역대 대통령의 풍수

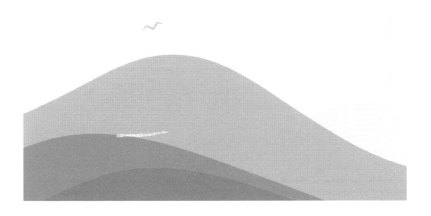

이승만 대통령은 생가와 조상의 묘지가 나타나지 않아 현장 연구가 어려우며, 문제인 대통령은 현직이며 조상의 묘지가 부모 1기 이외엔 확인하기 어려운 곳에 위치하므로 연구 대상에서 제외키로 했다.[16]

◆ 윤보선 대통령의 조상 묘지와 집

윤보선 전 대통령은 대통령 중 최고의 부자로 알려진 인물로서 생가는 충청남도 아산시 둔포면 신항리 143번지에

---

16 접근할 수 없는 이북이기에 풍수상 분석할 수가 없다.

있다. 묘지는 여러 곳에 흩어져 있다. 5대조와 증조부 윤취동의 묘지는 둔포면 석곡리 330-2번지에, 증조모는 둔포면 석곡리 330-19번지에 있으나 도시 개발로 인해 어디로 이장되었는지는 알 수 없으나 10년 전쯤 필자가 확인한 바로는 혈증이 보이지 않는 것으로 그 당시 이해했다. 고조부모, 부모, 본인의 묘지는 아산시 음봉면 동천리 산 34-2번지에 있다. 조부인 윤영렬과 조모의 묘지는 경기도 평택시 팽성읍 객사리 산 3-12번지에 있었던 것으로 추정되나 2020년 11월 15일 현재 확인한바 어느 곳으로 이장은 되었으나 알 수 없으며 그 자리 역시 혈증은 없었던 것으로 확인된다. 이상의 자리에서 생가와 고조부인 윤득실의 묘지가 주목된다.

1) 생가

⑴ 아주 귀한 섬룡입수로 자리한 집

우리나라에서 섬룡입수로 이루어진 곳은 손으로 꼽는다. 그 대표적인 곳이 경주 최 부자의 집, 경기도 포천의 이한동 전 국무총리의 생가 등이다. 이들의 풍수 구조처럼 이루어진 곳이 윤보선 전 대통령의 생가이다. 전국을 찾아서 통계를 분석해도 몇 곳밖에는 없다. 유사하지만 묘지는 그래도 여러 곳에서 나타난다. 경기도 남양주 김번의 묘지, 구미 상모동의 박정희 전 대통령 부모의 묘지, 구미 고아면의 김관용 전 경상북도지사의 조부 묘지가 섬룡입수에 의한 것으로 확인된다.

이처럼 이곳에서도 입수의 방법이 아주 귀한 혈증으로 분석되어 흥미롭다. 요도처럼 보이는 것이 요도가 아님을 이해할 줄 아는 혈증적 지혜가 필요하다. 이게 풍수 혈증의 연구가 아닌가 하는 생각이며, 대단히 중요한 혈증의 증거이다. 아마 전국의 몇 군데밖에 없으므로 풍수적인 혈증으로 기록이 필요하다고 본다.

[그림 1] **섬룡입수의 형태**

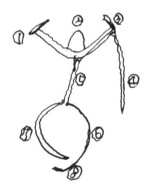

⑵ 좌선의 힘으로 이루어진 기운

[그림 1]과 같이 좌선의 힘으로 진행되는 맥이 이 집으로 들어간다. 가는 쪽의 힘으로 역의 기운이 들어오는 곳이면

서도 집의 뒤편에 존재하는 맥이 있는데, 이 맥이 당배귀사이다. 이 당배의 힘으로 이루어진 기운이 윤 대통령의 생가로 기운이 가도록 하는 역할을 한다. 참으로 묘한 곳이 이집에 나타나는 형상이다. 좌선은 명예와 권력으로 표현된다. 이러한 좌선이 윤 대통령의 직분과도 영향이 있는 것으로 평가되는 이치이다.

(3) 아주 평탄한 곳에 위치

이 집은 평탄하다. 주변이 안정되고 편안한 느낌이 나게 하는 지평이 평평한 지면의 땅이다. 땅의 높낮이는 거의 없는 경사 2% 미만의 아주 평탄한 곳이다. 비가 오면 쉽게 물이 빠지지 않도록 되어 있는 평지이다. 일반적으로 산은 경사가 있는 것이 상식인데, 이곳엔 이러한 경사의 흐름이 없다. 그래서 건축물의 규모가 크고 99칸짜리 건축이 가능했던 것인지도 모르겠다.

(4) 3법을 다룬 기법

집의 3법은 첫째가 배산임수이다. 다음은 전저후고이다. 그다음은 전착후관이다. 이 집은 이러한 3법을 적용했다. 배산임수는 뒤가 산으로 되어 있지만 측산이 아니다. 빨리 쉽게 판단하면 측산으로 보는 것이 일반적인 풍수 이론이다. 그러나 유심히 보면 이 집은 가는 귀사의 힘에다가 당배 귀사의 힘을 받아서 바로 들어오게 되어 있는 섬룡에 의한 입수 방법이다. 이게 측산이 아님을 판단하는 지름길이 된다. 만약에 섬룡이 아니라면 측산으로 볼 수밖에 없다. 지표면을 읽는 아주 중요한 요점이 되는 사항으로, 대단히 중요한 분석이 된다.

후고는 안방이 있는 곳에는 높게 형성되어 있다. 이렇게 만들어진 건물이 앞쪽의 다른 건물보다 높다. 전저는 앞의 건물들의 높이가 낮게 형성됐다. 이게 바로 전저요 후고의 원리를 가진 건축물이다.

세 번째는 전착후관이다. 'ㅁ'자 건물이지만 들어가는 곳에서 안이 보이지 않도록 하는 역할의 차폐를 만들어 놓았다. 이것이 전착이다.

따라서 이 집은 배산임수에 따른 배치 방법으로 자리를 하였으며, 안방을 높게 하고 앞이 낮게 조성되게 한 전저후고로 건축되었고, 들어가는 곳에다 차폐를 만든 방법의 전착과 뒤를 넓게 한 후고의 방법으로 건축함으로써 집의 3법을 활용한 대표적인 99칸의 건축물이다.

(5) 좌측을 막아 주는 좌산이 존재

섬룡입수임에도 불구하고 이곳에는 왼쪽 줄기에 청룡이

있다는 점이다. 경주 최 부자의 집 형태와 이곳이 아주 유사하다 못해 거의 같다. 청룡은 내려가는 물길을 잡아 주는 역할이 된다. 곧장 흘러가지 못하도록 물을 관리하는 사(砂)의 중요성이 강조된다. 이러한 좌산은 바로 청룡의 제대로 된 역할로서 보기가 좋다. 청룡의 생김새가 아주 길한 형태이다. 나가는 형태가 아니라 집 안으로 기울어져 있어 외수를 다스린다.

생가에서 우측은 그리 중요하게 다루어지지 않고, 물이 우에서 좌로 흐르는 외수이기에 좌측이 강조된다. 그런데 이곳에 이러한 청룡이라는 산이 지금도 건재하게 있다. 이 청룡의 끝에는 교회가 존재하고 있는데, 기도하는 마음이 이곳의 마을을 평온하게 하는 의미의 철학이 여미어 오는 것처럼 간접적으로 보이기도 한다.

⑹ 지금도 건재하는 99칸의 부잣집 구조

부잣집으로 99칸을 지은 건축물이지만 풍수상으로 판단하면 이해가 어려운 곳이다. 혈의 크기가 그렇게 크지는 않기 때문이다. 다만 불을 지피는 구들방이 있어 그나마 위안은 된다.

⑺ 아궁이에 불을 넣는 구들 방

혈은 6렴이 없다. 이에 비해 규모가 큰 집은 혈이 아니다. 이처럼 혈이 아닌 집을 사람이 이용하는 것이지만 문제는 있다. 바로 6렴의 문제가 대두된다는 것이다. 6렴을 다스려야 하는 이유가 여기에 있다. 6렴은 불을 이길 수 없다. 불 앞에는 모든 렴이 없어지기 때문이다. 이에 대한 해결책은 불을 넣는 구들이 되는데, 이곳에는 이러한 구들이 존재한다는 것이다. 집에서는 불을 지피는 구들이 렴을 물리칠 수 있는 유일한 조건이자 해결책이 된다. 이처럼 혈이 가진 의미를 거의 달성할 수 있는 것이 구들이다.

중요한 것은 이곳 구들에 불을 지피는 화목 방이 있다는 사실이다. 이러한 시설이 아직도 이곳에 있다. 대단히 중요한 것으로, 풍수 연구가라면 이해가 되어야 할 것이다. 아주 귀한 현상이 나타나는 곳의 생가에 윤 대통령이 나고 자란 것으로 보여 좋은 생각이 든다.

⑻ 들어가면서 안이 보이지 않도록 건축된 공간

3법에서 언급하였지만 이 집의 공간 활용은 뛰어나다. 출입문을 지나면서 안을 보면 벽면이 나타난다. 이는 안을 쉽게 보이지 않도록 하는 차폐의 구조를 만들어 사용한 것이다. 집 안을 남에게 보이지 않으려고 하는 의도가 있다.

이를 차폐하는 역할을 하는 것이 건물 속의 벽면이다. 벽면을 설치함으로써 안이 쉽게 보이지 않는다는 지혜가 있는 곳이다. 좋은 조건은 남에게 노출되어 자랑거리가 되지만 불미스런 경우는 차폐가 되어야 하기에 이러한 기법을 활용한 것은 대단히 가치 있는 것으로 평가된다. 이는 풍수로 판단하기 이전에 삶의 철학이다. 이게 3법에서 의미를 둘 수 있는 전착이 되는 조건이다.

⑼ 생가의 견취도

[그림 2]에서 ①은 본가이고 ②는 좌편의 부속건물이다. ③은 우측의 부속건물이며 ④는 앞부분이다. ⑤는 바깥채의 우측 건물이고 ⑥은 바깥채의 좌측 건물이며 ⑦은 바깥채의 전면 건물이다. 윤보선 대통령의 생가 건물로 섬룡입수로 들어가는 맥선의 건물 배치도이다.

[그림 2] 윤보선 대통령의 생가

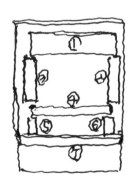

2) 고조부의 자리

⑴ 뚜렷한 우선룡

봉분이 크게 조성되어 있어 혈증을 분석하는 데 쉽지는 않다. 그래도 측면은 그런대로 살아 있어 유심히 살피면 분별이 가능하다. 우측에는 탁으로 형성되어 밀어주는 영향이 더욱 크게 보인다. 이는 둔덕처럼 생긴 타탕의 모습이다. 이러한 타탕이 큰증조 교동공과 부모인 동야치소, 이범숙의 묘지를 둥글게 환포하면서 왼쪽의 상수도 수도꼭지 위치까지 돌았다. 그곳이 마지막으로 돈 근저가 된다. 둥근 형태로 돈 상단부가 매미의 날개인 오른쪽 선익이다. 아주 넓게 형성되어 힘이 크고 좋게 보인다.

이에 비해 좌선익은 왼쪽 부분의 수도꼭지 안쪽에서 멈추었다. 이러한 현상은 좌선익이 우선익의 품 안에 안긴 모양새이다. 전설처럼 들리는 윤보선 대통령의 기운이 이 자리에서 펼쳐짐은 거의 유사하게 생각되는 곳으로 유추된다. 아주 길하다는 평가가 자연스럽게 이해되는 곳으로, 필자의 의견으로 봐도 명당이다.

⑵ 합분으로 이루어진 봉분

이 집안의 전체적인 공통점은 합분이다. 쌍분도 아니고 단분도 아닌 부부 합장이다. 합장은 살아생전 부부 내외의 인생관을 죽어서도 같은 유체 속에 살아가는 모습으로의 흐름이다. 좋게 해석되는 장사의 기법이 된다. 역대 대통령의 봉분의 장사 기법과 비교된다. 풍수 연구자들의 속 깊은 이해가 궁극적으로 필요하다고 본다.

⑶ 민묘와 유사하게 종선으로 조성된 묘지들

이장된 곳을 제외한 이 집안의 맥선상 나타난 장사법은 종선으로 이루어져 있다. 특히 정상에 장사한 대통령의 아래에는 고조부가, 그 아래에는 큰증조부가, 부모가, 증조모가, 동생인 행선의 묘지가 일렬종대로 장사되어 있다. 횡으로 이루어진 것과는 비교가 되지만 혈은 능선 중에 하나만 형성되는 것에 비교하면 일반 민묘와 유사하다. 이러한 장법은 개선되는 것이 좋을 듯하다. 1인 1혈이 정답이기 때문이다. 능선에는 1혈만 되는 것이 일반적인 풍수적 혈적인 혈증의 현상이기 때문이다.

⑷ 역수로 흐르는 물길

앞에서도 언급하였지만 물길이 역수로 흐른다. 산 따라 물은 흐른다. 그런데 이곳에는 물이 산 위로 올라가는 방법으로 흐른다는 사실이다. 이러한 물길은 산도 마찬가지로 물이 역수가 되도록 하는 형태로 되어 있다. 산에 의해, 물에 의해 산수가 역으로 형성되어 있기 때문이다. 이러한 근본 이치는 흘러 내려가는 것이 아니라 산 정상으로 올라가도록 되어 있는 특이성이 있어서 물길이 역수가 되는 원리이다. 물길은 길수로 좋다.

⑸ 'j' 자의 원리

이곳은 'j' 자가 되는 곳이다. 물도 'j' 자가 되며, 산도 'j' 자가 되는 데가 이곳이다. 'j' 자가 되면 용진은 제 갈 길을 잃어버려 기운이 멈춘다. 이러한 'j' 자가 되는 곳이 고조부의 자리로 아주 길하게 생겨 좋다.

⑹ 요성과 관성의 존재

요성은 지표면에서 보인다. 이곳의 요성은 봉분의 좌우측에 존재한다. 우측에는 탁으로, 좌측에는 수도꼭지가 있는 곳에 붙어 있다. 힘의 존재는 우측이 크다. 덩치로 봐도 크지만 둔덕으로 되어 있는 데 비해 좌측에는 상대적으로 작은 것이 붙어 있다. 하지만 요성의 존재감은 대단하다. 없는 것과는 비교된다. 요성이 존재하는 것은 일차적으로 선익을 보호하는 목적이 있다. 요성이 없는 선익과는 차이가 크기 때문이다. 이처럼 좌우의 요성이 이곳에는 존재하고 있다. 대단히 좋은 풍수 혈적인 사실이 있다.

⑺ 가족묘와 다르게 조성된 봉분

둘레석이 돌로 되어 있으나 이 묘지는 돌이 아닌 흙으로 조성된 점이 특이하다고 할 수 있다. 대부분의 묘지는 석물로 둘레석을 한 반면에 이 묘는 흙으로 조성되어 있어 돌에 의한 단점이 해소됐다고 보인다. 혈인 곳을 이해한 듯하다고 생각이 된다.

⑻ 우측의 잘못된 진입로

초입의 진입로는 좌측에서 시작되다가 부모와 큰증조부가 있는 곳에서 우측으로 가로질러 진입이 되게 했다. 즉, 고조부의 우측에 진입로가 형성되어 있다. 이러한 진입로는 우리 몸의 궁둥이의 둔덕에다 살을 베어 내는 것과 같은 원리가 되어 좋지 못하다. 오히려 왼쪽으로 진입이 되어야 옳은 길 편이 되는데, 생각 없이 산길을 만들어 버린 것 같다. 이러한 잘못된 진입로는 많은 생각을 하여 기운이 실리지 않는 부분으로 진입이 되었으면 한다. 즉, 선룡이 좌선이면 우측에다 진입로가, 우선이면 좌측에 진입로가 형성되어야 무난한 방법의 진입로가 되어 기운에 손상이 없을 것이다.

⑼ 규모가 큰 봉분

봉분이 큰데, 이처럼 큰 봉분은 문제가 된다. 선익의 안인 혈이 봉분의 크기를 정하는데, 이곳의 선익은 보이지 않는다. 봉분이 선익을 침범했기 때문이다. 큰 봉분은 물길의 흐름을 방해한다.

이러한 반대적인 실례는 경상북도 예천군 지보면사무소 뒤편의 묘지로 손자의 판사·검사가 배출된 곳에서도 볼 수 있다. 봉분이 작으며, 선익이 보인다. 즉, 선익의 안 물길을 이해하고 봉분이 조성됐기 때문에 봉분이 크지 않은 것이다. 이 자리는 아주 격조가 높게 조성됐다.

이처럼 지보면의 봉분과 윤 대통령 고조부의 묘지는 비교된다. 따라서 봉분의 크기는 선익을 이해하고 그 속에 형성된 물길을 보고 음중 양의 혈 크기만큼의 봉분이 필요하다. 절실히 요구되는 원칙처럼 여겨지는 것이 봉분의 크기이다. 곳마다 차이가 나지만 혈은 1평 내외로 크지 않는데, 이곳은 여러 평수의 봉분이 된다. 기회가 된다면 수정이 요구된다.

⑩ 고조부모의 묘지 견취

[그림 3]에서 ①은 윤보선 대통령의 아래 입수 부분이다. ②는 고조부의 자리이고 ③은 큰증조부의 자리이며 ④는 부모의 자리이다. ⑤는 우선으로 돌아가는 둥근 형태의 원훈이고 ⑥은 수도꼭지가 있는 곳으로 좌측의 계곡부이다. ⑦은 3성의 하나인 좌측의 요성이고 ⑧은 우측에서 돌아와 마

지막 전순에 붙은 3성의 관성이다.

　이상에서 본 것처럼 혈증을 분석하면 우측의 그림과 유사하다. 이러한 혈상은 와혈이다. 혈상의 구분은 전후좌우가 고른 정와이며 선익의 깊이가 없는 천와이다. 선익의 높이에 따른 심와와 천와의 차이는 정도상의 비교가 될 수가 있으나 서서 진행하면 심와가 되며, 누워서 진행이 되면 천와로 구분될 수 있다. 이에 대한 평가 방법은 와혈을 판단하는 근거가 되므로 많은 참고가 되어야 할 것이다.

　따라서 이곳의 묘지는 정와와 천와의 와혈 자리로서 명당이다.

[그림 3] **윤보선 대통령 고조의 견취도**

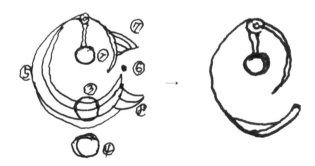

◈ 박정희와 박근혜 대통령의 조상과 집

박정희와 박근혜 대통령은 부녀간에 대통령을 한 유일한 기록을 세운 가문이다. 박정희 대통령은 경상북도 구미시 상모동에 생가와 부모 묘지, 조부모의 묘지가 쌍분으로 존재한다. 혹자들은 조모의 묘지가 좋다고 한다.[17] 또는 조부의 자리를 칭하기도 했다.[18] 부모와 조부모를 칭하기도 한다.[19] 이처럼 구미 상모동의 부모와 조부모는 풍수가들의 경연장이 되기도 했고, 지금도 관산 시 열변을 토하기도 하는 장소로 인기가 있다.

증조와 고조, 5대조, 6대조 묘지는 합분으로 성주군 선남면 성원리 선산이다. 묘지와 가까운 곳은 성원리 구 도로로 제재소의 왼쪽 골짜기에 있다. 묘지에서 보면 제재소는 백호 쪽이 된다. 성원1리 마을이 박정희 대통령의 조상 윗분들의 고향이다. 박근혜 대통령의 생가는 대구시 중구로 도시 개발로 인해 표지만 있어 풍수상 분간하는 데는 한계가 있다. 박근혜 대통령은 불확실한 생가와 도시 개발로 인해

---

17 송원 황병덕, 2020.6.14. 18:44. 「네이버」, 박정희는 조모가 대통령을 만들었는가.

18 「네이버」, 풍수천인지 박인호, 카페.

19 지종학, 『건강한 삶 성공한 삶 풍수지리 풍수지리를 알면 인생이 바뀐다』, 프로방스, 2015, pp.376-380.

제외하였으며, 그 나머지는 부친과 같으므로 이 장에서 공동으로 분석했다. 박정희 대통령은 생가와 부모 묘지, 그리고 성주의 고조부모의 자리가 주목되며, 딸인 박근혜 대통령은 박정희 대통령의 부모자리로 조부가 되는데 필자의 생각으론 이 자리의 영향으로 분석되고 해석된다.[20]

1) 상모동 생가

⑴ 곡맥

생가는 똬리 뱀 모양의 용맥으로 진행된 아래에 위치했다. 똬리 형태로 둥글게 자리 잡은 뱀은 공격형이다. 수비형이 아닌 항시 공격 준비를 가진 똬리를 튼 뱀 모양으로, 곡맥이다. 이렇게 둥글게 이루어진 맥의 아래에 위치함으로써 안정감이 있고 기운차게 생긴 맥으로 그 기운은 대단하다. 곡맥은 맥선의 2분의 1에 의한 반쪽 맥으로 진행된다. 하회마을이나 회상마을, 회룡포 마을처럼 둥근 곳에서의 물은 공격사면과 퇴적사면으로 양분된다. 이때의 힘이 양분되는 이치와도 닮았다.

이처럼 한쪽 사면의 영향으로 맥이 둥글게 돈다. 계속하

---

20 조부의 묘지는 선룡이 우선으로 남자와 여자는 상대적인 해석으로 분석된다. 즉 귀와 명예는 우선이기 때문이다.

여 대부분 좌선으로만 진행하는 맥으로, 돌아가는 시울이 드러난다. 그 맥 바로 아래인 마지막 지점에 생가가 존재한다. 대단한 힘의 기운이 간접적으로 느껴지는 모양새이다. 이러한 곳이 바로 박정희 대통령의 생가이다. 이는 박정희 대통령의 강단 있는 성품과도 아주 유사하다.

[그림1] **뱀의 공격적인 모습**

(2) 좌선룡

곡맥이 좌선으로만 진행되어 운동성이 마무리된 곳에 집이 있다. 맥의 움직임은 좌선과 우선이 병행한다. 이에 비해 한쪽으로만 움직이면 얼마 못 가 맥이 멈춤이 있다는 증거이다. 집의 뒤편에 수원백씨들의 묘지들이 있는 곳이 맥의 마지막 종착 지점이다. 이 지점에서 마무리를 하기 위해 둥글게 뱅 돌았다. 뱀이 둥글게 원을 그리면서 앉아 있는 형태와 같다. 먹이를 공격하기 위해 가장 크게 힘을 사용하는 형태가 둥글게 꼰 모양이다. 뱀은 작게, 이곳은 크게 돈 것이 비교법에 의한 차이이다. 기운이 큼을 간접적으로 나타내는 곳이다.

⑶ 물길

좌선에 의한 곡맥의 물길은 집을 환포한다. 집 앞 우물 뒤편의 물길이 마치 원을 그리듯 둥글게 돌아가는 물줄기이다. 물의 소리가 '콸콸'이 아닌 '졸졸'처럼 크지 않다. 마치 목마른 건조한 논에 물이 졸졸 흘러가는 모양새로 좋은 물길이다. 참으로 격이 맞는 물길로서 나무람이 없다.

⑷ 상대향의 좌향

물이 똑바로 내려가는 곳으로 좌향이 정해져 있다. 곧바로 빠져나가는 물길이 되어 거수가 되지 못하는 모양새가 된다. 풍수는 자연향이 되어야 하지만 이곳에는 노태우 대통령의 집과 같은 향의 상대향으로 좌향을 했다. 이는 잘못된 좌향으로 마이너스적인 요인이 되기 때문에 삼가는 것이 좋을 듯하다. 기회가 된다면 고치는 것이 좋다.

⑸ 배산임수의 위배

박정희 대통령의 생가는 아담하고 작게 구성되어 있으며 시골풍이 물씬 풍기는 그리 크지 않은 건물이다. 생가가 배산임수로 되어 있어 좋다고 하는 혹자가 있다.[21] 우측 골짜기를 뒤(後)로 하고 있는 건물은 앞을 중시한 듯하다. 무심코 향을 보면 비교적 잘 지은 촌집처럼 되어 있어 보기가 좋다.

그런데 뒤편이 골짜기이다. 맥은 지금의 창고로 내려오고 있는데 이를 무시한 듯 배치됐다. 이러한 배치는 배산이 아니다. 이처럼 집의 풍수에서 가장 꺼리는 것이 역의 배산이다. 그런데 이 집은 배수임산으로 되어 있다. 이는 잘못된 배치이다. 그렇지만 태어난 곳은 2~3m 정도 이격되어 있고, 본 건물과도 떨어져 있어 이러한 배수임산의 우려는 없는 것처럼 이해된다. 앞으로 수선의 기회가 된다면 물을 바라보는 형태의 배산임수가 되도록 개선되었으면 한다.

⑹ 생가의 설명

생가의 지금 건물을 보면 [그림 2]의 ①은 본 건물이고 ②는 대통령이 태어난 곳이며 ③은 곡맥으로 진행한 곳의 맥로이다. ④는 집 앞의 물길이며 ⑤는 창고로 사용되고 있

─
21 권창근, 「대통령 생가에 관한 풍수지리적 고찰」, 영남대학교환경보건대학원, 2009, p.76.

다. 이는 자연향에 대한 상대향의 논리로 되어 있음이 설명되고 있다. 이에 비해 자연향에 의한 설명은 우측의 그림이다. ①은 우측의 부속 건물로, ②는 좌측의 부속 건물로, ③은 곡맥의 진입로이며 그 형태가 시울의 모양이다. ④는 집앞의 작은 실개천으로, ⑤는 지금은 창고이지만 자연향으로 개축된다면 본 건물이 적당하다. 이러한 논리는 풍수 혈은 상대향도 절대향도 아닌 자연향으로 자리를 배치해야만 올바른 좌향이 되는 것이다. 이렇게 한다면 보다 더 효율적인 배치가 될 것으로 해석하는 바이다.

[그림 2] **생가의 위치**

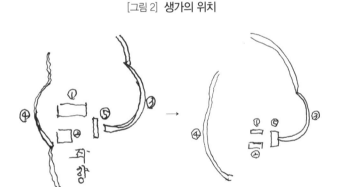

2) 박정희 대통령의 부모(박근혜 대통령의 조부모)

박정희 대통령의 부모 자리는 박근혜 대통령의 입장에서는 조부모의 자리가 된다. 박정희 대통령의 부모 위에 조부모가 위치하나, 조부모의 자리가 길지임을 표현하는 자들이 많다. 그러나 필자의 생각은 부모의 자리로 단정한다. 가장 중요한 혈증인 6악과 3성이 존재한다는 사실이 [그림 3]에서 보는 바와 같다. 이곳은 판단하기가 쉽지 않은 자리이지만 30m 정도 올라가면 능선이 나오는데 이게 요도처럼 보인다. 풍수 초학자의 입장에서는 요도로 보는 것이 오히려 올바르게 보는 방법이다. 시간이 흘러 풍수 혈법에 대한 이해가 깊어지면 요도가 아님을 짐작케 된다. 이는 단순히 지식으로 되는 것이 아니라 지혜의 눈이 있어야 가능하다. 풍수인의 지혜로 이해해야만 해석되는 자리이기 때문이다.

⑴ 가는 쪽의 맥이 역룡

이곳은 역룡에 의해 거꾸로 기운이 진입하는 용진의 형태가 있는 곳이다. 그 역룡의 조건이 산 능선 뒤편에 있다. 순룡이 아닌 역룡의 작은 가지가 4개나 붙어 있다. 그 영향으로 순룡에 의한 용진이 되지 못하고 역룡이 되는 가장 큰 이유가 이곳에 있다. 참으로 산은 신기하다. 일반적인 다른 곳과는 차이가 있는 능선의 산맥이다.

이러한 이해는 나무의 줄기에 붙어 있는 가지가 밑으로 처진 형태를 생각하면 된다. 일반적인 가지는 하늘을 향한 반면, 수양버들과 같은 나무의 가지는 아래로 처져 있는데 이것이 바로 역룡으로 박정희 대통령의 부모 자리 뒤편 맥선에 있다. 먼저 산에 올라 이것을 보고 이해해야만 산이 보인다. 이에 따라 가는 맥이 역으로 재진입하는 맥이 되어 그에 따른 기운은 역룡으로 대단하다.

⑵ 익 · 수가 'j' 자

부모의 묘지에서 가까운 앞을 보면 특이사항이 보인다. 물길이 'j' 자로 흐르는데, 봉분의 우측 앞으로 나간 물길이 좌측으로 빠져나간다. 좀 색다른 물길의 형태가 펼쳐진다. 봉분에서 이 'j' 자 물길의 거리가 6~7m쯤 된다. 오른쪽에서 흐르는 물길이 왼쪽으로 간다. 물길이 이렇다면 익도 마찬가지로 'j' 자로 용진한다. 이는 익이다. 우측에 있으므로 우측 선익이 된다. 우선익이 'j' 자이고 물도 'j' 자인 우선수이다. 익과 물이 'j' 자로 움직인다. 이는 '물 따라 산 따라'로 물이 산을 따라가고, 산이 물을 따라가는 형태이다. 이러한 자리 위에 장사를 한 지관 · 지사는 뭔가를 알고 한 풍수술사 이다. 대단히 경이로운 장법의 철학으로 혈적인 내용이 돋보이는 곳이다.

⑶ 石의 이해

우선익의 돌을 놓고 말들이 다양하다. 단지 이 돌은 관성에 지나지 않는다. 돌을 깊게 박혀 있어야 존재 가치가 있는 데에 비해 이 돌은 지표면에 5분의 1 정도로 뜬 돌이다. 그럼에도 이 돌이 마치 '험석'이니 혹은 '국새'라고도 하여 혼란스럽게 해석하곤 한다. 너무나 이율배반적인 논리가 아닐 수 없다. 험석이라면 예각이 많아야 하는데 이 돌은 사각형의 돌이다. 국새라면 묻힌 돌이 되어야 하는 데 비해 뜬 부석이다. 부석은 말 그대로 공중에 떠 있어 지지하고 지탱하는 힘이 약하다.

따라서 이 돌은 단지 관성에 의한 3성이다. 3성에 대한 이해로는 가능하다. 우측에 붙어 있으니, 좌측이 아닌 우측의 해석이 가능한 여성이나 부의 개념과는 어느 정도 일치하기 때문이다. 아마도 박근혜 대통령의 이력과도 일치하는 대목이 아닌가 생각된다.

⑷ 혈증

우선익은 확실하게 나타난다. 봉분 앞 우측에서 나타나는 선익의 출발이 보인다. 하나가 아니고 2개가 나타난다. 우선익은 우선룡을 의미하기도 한다.

또 다른 혈증은 3성이다. 3성의 하나인 관성이 있다는 것이다. 국새니 험석이니 하는 돌이 관성이다. 관성은 돌에서 설명했으므로 여기에서는 생략한다.

(5) 박정희 대통령(박근혜 대통령의 조부모)의 부모 묘지에 대한 설명

[그림 3]에서 묘지의 ①은 진행하는 곳의 귀사가 되며, ②는 역행하는 쪽의 귀사이며 사(砂)가 4개나 붙어 있다. 아주 특이한 곳으로 이해되는 곳이다. 산맥의 진행은 귀사의 형태가 반대로 되어 있어야 용진을 하는 데 문제가 없다. 이에 비해 지금의 사(砂) 모양은 진행이 되지 않고 2분의 1 산맥의 이면 쪽으로 힘이 들어가도록 되어 있다. 이는 역룡을 암시한다. 가는 용맥의 진행을 반대 방향으로 돌려 거꾸로 진행토록 하는 역할을 하는 곳이 이곳에 있다. 이에 따른 힘이 ③으로 연결되는 이치가 된다. 이것이 부모 묘지의 가장 큰 특징 중의 하나이다. 이러한 여파로 인해 음택의 기운은 대단하다고 보는 가장 큰 이유가 되기도 한다.

③은 입수로 진행하는 입수 후절의 맥이며, ④는 입수와 그 아래 부모의 봉분이다. ⑤는 네모난 암석으로 관성이 되며, ⑥은 우측의 선익으로 우선익이다. 이 모양은 풍수를 처음 접하는 초학자라도 혈의 이해만 알면 곧장 보인다. 즉, 시울이 보인다는 것이다. ⑦은 선익의 안에서 나오는 물길로 역수가 된다. 이러한 모양의 혈상은 우측과 같다. 혈상은 와혈이며 정와로 분석되며 그 깊이가 비교적 깊은 심와로 판단된다. 따라서 박정희 대통령 부모의 혈상은 정와와 심와의 와혈로 분석된다.

[그림 3] **부모의 묘지**

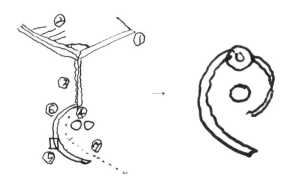

3) 박정희 대통령의 고조부모(박근혜 대통령의 5대조)

앞에서도 언급하였지만 증조 · 고조 · 5대조 · 6대조가 아래에서부터 나란히 위로 장사했다. 보는 자에 따라 자리가 되지 않는다, 물자리이다, 평범한 자리로 보인다는 말들이 인터넷이나 개인의 술서에서 다루어져 여기저기에서 표현되어 나타난 곳이다. 필자는 다음과 같이 분석한다.

⑴ 좌측 요성의 존재

밑에서 두 번째 자리가 고조부모의 자리인데 좌측 편을 보면 크지 않은 둔덕이 하천가로 튀어나왔다. 별로 크지도 않은 것이 붙어 있는데, 이것이 요성이다. 이 요성의 힘으로 봉분의 아래가 약간 볼록하다. 이것이 전순이다.

⑵ 전순의 이해

봉분의 아래가 볼록한 것이 전순이다. 그 크기가 아주 미세할 정도로 작다. 중조의 자리에서 지평선의 눈높이를 낮추어서 보면 나타난다. 이는 좌선의 요성에 의한 힘에 따라 전순까지 연결된 것이다.

⑶ 선룡의 힘

이 자리는 요성 전순이 확인된다. 이 흐름의 전체가 좌선이다. 좌편의 요성과 전순의 연결됨이 선룡의 완결이다. 이것이 좌선에 의한 선룡이 되며 상당히 보기 힘든 자리임에는 분명하다.

⑷ 종선에 의한 조상 묘지

일렬종대로 조상을 장사한 것은 일반 민묘와 같다. 이러한 배치는 좋지 않다. 묘지 1기는 1인이 원칙인 양 장사한 문중이 광산 김씨들이다. 이들의 조상 기운은 대단하다. 왜 그런가를 이해하면 1인 1묘가 생각될 것이다. 깊이 있게 생각해야 할 대목으로, 풍수인들은 관심을 가져야 할 것으로 본다.

⑸ 작은 봉분

풍수에는 '이불이 커야 방 안이 따뜻하다'는 말이 있다. 그런데 이 말하고도 이치가 다르다. 방 안에서는 방 전체를 덮어 열기의 유실을 막아 주는 것은 이해가 된다. 하지만 혈은 조직이 있다. 입수, 선익, 전순, 혈, 1분합, 계명 등이 있고 이들을 확인하여야 하기 때문이다. 혈은 그 규모가 1평 내외로 극히 작다. 이곳의 묘지가 작은데 혈의 이치를 알고 장사한 듯 크지 않다. 이러한 봉분의 크기는 풍수인이라면, 특히 혈을 다루는 지관·지사라면 이해가 되어야 할 것이다.

⑹ 박정희 대통령의 고조부모 묘지에 대한 설명

[그림 4]의 좌측 그림 ①은 6대조 묘지이고 ②는 5대조 묘지이다. ③은 고조부모의 묘지이고 ④는 왼쪽 요성이며 ⑤는 시울이 있는 전순이다. ⑥은 증조부모의 묘지이다. 이러한 모양은 그림 우측의 혈상과 유사하다. 혈상 이름은 정와가 되며 깊이가 얕은 천와로 판단된다. 따라서 정와와 천와의 와혈 명당이다.

[그림 4] **고조부모의 묘지**

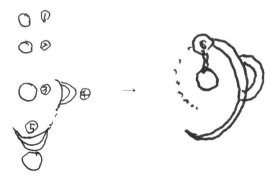

4) 부녀간의 이해관계

박정희 대통령은 생가와 고조부모의 영향으로 그에 따른 역량이 있었을 것으로 이해되며, 차차 시간이 흐르면서 부모의 자리가 기운을 뒷받침한 것으로 생각된다. 이에 비해 박근혜 대통령은 부친의 생가와는 이해가 없고 부친의 부모인 조부모의 영향이 박정희 대통령인 부친보다는 더 많은 직접적인 영향을 받은 것으로 이해된다. 이러한 이유에 대해서는 시간의 흐름이나 사람에 따른 결과론적인 성상을 헤아려 보면 이해가 된다.

조부모의 묘지는 우선이다. 우선이 여성인 경우에는 좌선으로 바꾸어 해석하는 것이 음양론적인 설명이며 필자의 경험적인 분석이다. 이를 두고 생각해 보면, 우선의 이해가 가능할 것이다. 또한 박근혜 전 대통령은 결혼을 하지 않았다. 결혼을 했다면 백호로 볼 수 있지만 미혼이므로 그에 따른 해석은 백호가 아니라 우선익으로 봐야 된다. 하물며 우선이 귀와 관계된다. 이는 단순한 논리가 아니다. 음과 양 그리고 남자와 여자의 이해관계로 참으로 묘하다는 생각이 든다. 그리고 박근혜 대통령의 5대조 조상의 역량은 초창기 혹은 시간이 흐름에 따라 비례적으로 줄어드는 결과로 이해된다.

따라서 박정희 대통령은 생가와 고조부모의 직접적인 역

량으로, 박근혜 대통령은 조부모의 직접적인 역량과 5대조 조상의 간접적인 역량에 힘입어 대통령의 직책에 이르렀음이 있다고 추정된다.

◈ 최규하 대통령의 조상

최규하 전 대통령의 매창공파 입향조 묘지들은 조부모와 증조부모 자리의 건너 산에 있는데 이장을 한 것으로 확인된다. 이에 비해 대통령의 조상 묘지들은 분산되어 있다. 이는 의도적으로 혈을 찾아 장사함이 일반적이지 않고 특이하다는 평가가 된다. 아마도 지관·지사를 집안에 두고 있음이 감지되는 것으로 음미해 볼 필요성이 제기된다. 묘간 거리가 상당히 먼 원거리로, 생가나 문중의 묘지는 물론이고 계선별 묘지들이 멀리 있는 것이 특징이라고 볼 수 있다. 일렬종대로 장사한 가족 묘지나 문중 묘지처럼 이루어지지는 않아 사뭇 다른 느낌이 든다. 아마도 속 깊은 뜻이 있을 것이다.

또 한편으론 노코멘트로 항룡유회(亢龍有悔)라는 유명한 명제가 생각나기도 한다.[22] 사후 자서전이 출판되지 않았다.

경력도 특이한 이력을 가졌는데, 서울대학교 교수로 재직하고 있다가 식량행정처 과장, 외무부 통상국장, 차관, 장관을 거쳐 국무총리, 대통령 권한대행, 대통령에 이르기 까지 한 행정가의 인물로는 유일무이한 경력의 소유자이다.

　대통령의 생가는 강원도 원주시 봉산동 836-1번지로 원주박물관 건물과 나란히 있다. 부모의 묘지는 쌍분으로 집 뒤 도로 건너 산인 봉산동 산 39-3번지에, 조부모와 증조부모의 묘지도 쌍분으로 호저면 주산리 산 151-1번지에, 입향조 묘들은 근거리인 주산리 1160-32번지에, 고조부의 묘지는 단분으로 원주시 신림면 용암리 산 48-2번지에, 고조모는 구정리에 있다고 비석에 있으나 알 길이 없어, 여러 차례 수소문을 하였으나 찾을 길이 없다.

　이들 중 증조부와 고조부의 묘가 주목된다. 2군데의 묘지는 형질 변경이 너무 많이 되어 있어 혈증을 찾아내는 데에 어려움이 따랐다. 가장 의미 있는 곳은 묘지의 앞이었다. 물과 산은 곧장 밑으로 내려가는 것이 일반적인 현상인데 이곳에서는 낮은 곳으로 빠지는 것이 아니라 틀어진 형태로

22　『주역』, 「건괘」에 실려 있다. 최고로 올라갔으니 내려올(悔) 것만 있으므로 항상
　　조심하라는 의미가 있다.

물이 묘지를 보고 있는 방향으로 앉아 있다. 이는 가장 두드러진 산과 물의 현상이다.

추후 관산을 하는 풍수 애호가들은 이 점을 유심히 발견해 보고 헤아려 이해했으면 한다. 특히 증조부의 자리는 아직 벌초가 되지 않아 일반 잡초들이 무성한 탓에 보기가 쉽지 않을 뿐 아니라 진입조차 어려움이 많다. 산과 물은 'ㅣ'나 'ㅡ' 형태로 일자나 한일자로 진행하는 것이 일반적이고 대부분이다. 그런데 흐름이 니은 자인 'ㄴ' 형태와 기역 자인 'ㄱ' 형태와 같이 흘러간다면, 혹은 낚시 모양인 'ㄴ' 고리 형태로 진행된다면 이상하지 않은가? 이러한 현상이 증조부나 고조부의 묘지에 있다는 것이다. 현장을 확인할 때 반드시 찾아보아야 올바른 지표와 혈을 볼 수 있다.

1) 증조부의 묘지

⑴ 물길의 흐름

물은 높은 데서 낮은 곳으로 흐른다. 이 말은 진리이다. 산에서의 물은 전저후고의 형태로 진행한다. 어느 곳을, 여러 개소의 물을 보더라도 물의 흐름은 일정하게 일직선으로 흐른다. 이렇게 흘러가는 것이 대부분이고 진리처럼 진행되어 간다.

그런데 이곳 묘지 앞에서의 물길은 이상할 만큼 일직선으로 진행되지 않는다. 참으로 묘한 현상이 일어나는 곳이다. 봉분에서 6m 아래 우측에 물길이 있다. 이 물길은 'ㅡ' 모양의 일자처럼 진행되는 것이 아니라 'ㄴ' 형태로 진행된다. 물이 곧장 흘러가는 것이 아니고 봉분을 쳐다보는 방향으로 고개를 돌린 방향으로 물이 흘러간다는 것이다.

특히나 낚시 고리 형태로 물길이 돌아가는 형태로서 역수가 된다. 이것이 증조부모의 가장 큰 특징 중 하나이다. 이 물은 천천히 흘러가는 모양새로 마무리가 되어 우측의 계곡물과 만나 빠져나간다. 이러한 물길은 용맥의 흐름과도 직접적인 영향이 있으며 길수로 판단된다.

⑵ 전순 아래의 맥

앞의 물길이 낚시 고리 모양으로 흘러가도록 하는 것은 맥(산)의 영향이다. 전순 밑의 맥이 마무리됐다. 맥이 물길과 같은 방향으로 'ㄴ' 모양의 니은 자이다. 이처럼 맥이 봉분을 향해 바라보는 형태가 되니 물길도 같은 방향으로 돌게 된 것이다. 산은 물 따라, 물은 산 따라 진행하는 것은 이웃사촌 객이다. 물이 돌아가니 산이 돌아가고, 산이 돌아가니 물이 돌아가는 이치이다. 맥이 직진으로 진행하면 곧장 가 버리는 것이 우리나라 산형의 전형인데, 이곳에선 일직선으로 진행되는 게 아니라 낚시 고리 형태로 틀어진 것이 특이하다.

　이러한 현상은 용맥의 기운이 계속적으로 진행하지 못한다. 용맥의 계속적인 진행은 기운도 같이 진행하기 때문에 혈을 이유로 선택할 수는 없다. 혈은 제2장의 이론 분석 'j' 자 원리에서 설명한 것처럼 되어 있어야 기운이 멈추고, 기운이 멈추면 혈은 생성된다. 산이 진행을 하는 곳에는 혈이 없다는 원리와도 일맥상통한다. 따라서 혈은 맥이 곧장 내려가는 것이 아니라 어느 한 부분으로 돌아야만 생성된다. 돌아감의 정도는 많으면 많을수록 혈심은 강해진다. 90°나 180° 또는 270° 이상 돌아지면 돌수록 진행하는 맥은 정지하게 된다. 정지된 맥이 혈이 되기 때문이다. 물론 맥 혼자 진행하는 것이 아니라 물도 같이 돌게 된다. 이것이 맥과 수의 관계가 성립되는 것이다. 증조부의 자리에 이러한 요소들이 존재하며 작용하는 것이 특이하게 보인다.

　⑶ 암석의 존재

　암은 증조부의 봉분 뒤쪽에 위치한다. 그리 크지 않은 조그마한 암석이 지표면 속에 들어가 있다. 이는 입수의 좌측 주변에 존치한다. 입수를 도와주는 역할의 귀성이다. 귀성은 사람으로 치면 머리의 두뇌를 주관한다. 두뇌는 명석한 두뇌가 필요하다. 보통의 사람은 보통답게 살아가야 한다.

보통 사람이 욕심을 내면 이설이 많게 되기 때문에 욕심은 금물이다. 이를 감지한 듯 이 자리에는 귀성이 있다. 귀성의 존재는 보통 사람의 이상(以上)을 내포한다. 아마도 이러한 귀성의 영향과도 무관하지 않다고 본다. 뚜렷한 귀성의 존재가 돋보이는데, 그 모양이 수두의 형태로 아주 좋다.

⑷ 전순의 우뚝함

봉분 앞에 이르면 둥그스레한 모양의 물체가 발견된다. 묘지를 향해 절하는 부분이 그렇다. 봉분을 향해 반원을 그리고 있는 형태가 되는데 참으로 묘하게 나타난다. 이게 전순이 아닌가 생각된다. 좌측이 우측보다 높다. 엇비슷하게 보이나 전순 아래에서 관찰하면 좌측 편이 전반적으로 높은 것이 보인다. 선룡의 흐름이 왼쪽 편에 의한 맥의 힘으로 용진함을 의미한다. 그리하여 우측에는 약하게나마 낮은 기미가 보인다. 그곳에 당판의 물이 흘러감을 읽을 수 있으나, 필요 없이 너무나 많은 훼손으로 보는 것은 한계가 있다. 그런데도 불구하고 전순의 모양은 뚜렷하게 형성됨이 확인되어 좋다고 분석된다.

다음은 전순의 탄탄함이다. 전순의 하단부에 석축을 하였음에도 불구하고 그 모습이 이채롭다. 마치 뱀이 개구리를 먹은 형태의 볼록함이다. 이러한 전순이 참으로 잘 나타난다. 이처럼 이곳에는 6악의 하나인 전순과 3성인 귀성과 전순이 마무리된 'j' 자의 형태가 혈증으로 판단된다.

⑸ 선룡의 혼돈

차를 임도에 주차하고 산 위로 진입하면 크지 않은 진입로가 묘지의 우측으로 가도록 되어 있다. 봉분의 우측에 올라서면 선룡이 우선처럼 보인다. 우선룡은 좌측 편에서 마무리되어야 하는데 그러한 혈증이 좌측에 없다. 이는 이상이다. 잘 맞지 않는 그러한 현상이 나타났다. 재차 봉분의 뒤편을 올라가 보니 선룡이 우선이 아닌 좌선이다. 이러한 확인은 귀성과 돌아감의 형태가 좌측에 의한 힘으로 이루어진 것이다. 그렇게 이루어졌다면 우측에서 마무리되어야 하는데, 그쪽(봉분 아래 우측)이 잡초와 나무로 잘 보이지 않는다.

풀을 헤치고 들어가니 앞의 ⑴과 ⑵에서 언급한 것처럼 맥과 물길이 'ㄴ', 'ㄴ'처럼 생겼다. 이 흔적이 선룡을 결정하게 된 증거가 된다. 좌선룡에 의한 좌선수이다. 좌선은 귀를 근본으로 치부하는 수단이 되며, 여기에서도 그같이 생각된다. 이 자리에 들어서면 선룡이 의심스럽다. 우선룡처럼 보이는 기현상이 나타난다. 우선룡은 묘지 앞 왼쪽 부분에서 마무리되는 것이 원칙인데 그것이 없다.

이상해서 조금 올라가면 암석(증조부와 증조모 묘지의 중간 지점)이 보인다. 이 부분이 맥의 움직임이 시작되는 초입으로 선룡이 좌선이다. 좌선은 묘지의 우측에서 끝이 나야 올바른 용맥의 선룡이 된다. 바로 이 지점이 중요하다. 묘지의 앞부분 우측의 음굴지가 되는 곳이 마무리한 모양이다. 그 모양이 'ㄴ' 자와 'ʅ' 자의 역으로 된 형태이다. 이러한 모양들은 용맥의 흐름을 곧장 빠져 흘러 나가지 못하게 하는 맥으로서 기의 흐름을 정지하는 것이 된다. 기의 흐름이 일직이 아닌 90° 이상 틀어 주는 역할이 되므로 그 맥은 중지된다. 이는 필자가 여러 책에서 주장하는 'j' 자 이론이다. 이 'j'는 멈춤을 의미하므로 혈이 생성되는 이치가 된다.

⑹ 심한 훼손

이곳은 봉분이 크다. 거의 2평에 버금가는 크기로 형성되어 혈의 크기를 측정하는 데 한계가 따른다. 너무나 크고 입수되는 부분과 하단부가 심한 경사가 이루어지게 장사되어 훼손이 심해 그리 좋게 분석되지는 않는다. 그런데도 귀성과 전순, 선룡, 전순 아래 물길의 마무리 등이 보이는 것은 그나마 다행이라 생각된다.

보다 더 이해되었으면 하는 점은 형질변경이 너무 과다하게 되었다는 것이다. 과다한 형질변경은 혈중인 6악을 손상시키기 때문이다. 혈증의 손상은 아무리 좋은 혈자리라 하더라도 백분율에서 멀어진다. 혈이 100%라면 심한 형질의 변경은 그를 손상시킴으로써 백분율을 크게 떨어지게 하는 역할을 하므로 가능하면 형질의 변경은 하지 않는 것이 최선이며 자연을 감안하여 훼손을 최소한으로 줄여서 장사하는 것이 현명하다고 본다.

⑺ 진입로의 적정

진입로는 잘되어 있다. 주차를 하고 진입하는 것이 아주 자연스럽다. 자연히 우측으로 접근하게 되어 있다. 이는 적절한 형태이다. 특히나 좌선룡이 되므로 자연스럽다. 비교적 좋은 위치로의 접근 방법이 되어 좋다. 통상 민묘는 진입로에 대한 생각은 없는 데 비해 이곳은 이렇게 좋은 방향으로 진입토록 되어 있어 좋다.

⑻ 상혈

이곳은 봉분이 전순에 붙어 있는데, 너무 내려온 현상이 있다. 선룡을 봐도 그렇게 보이고, 봉분과 전순과 입수의 거리를 놓고 측정해도 그렇게 보이는 것이 현실이다. 귀성이 존재하는 그곳으로 50㎝ 정도라도 상부 쪽으로 이동되었으면 하는 아쉬움이 남는 장소이다. 이는 상혈로 혈을 손상시키는 이유가 된다. 상혈은 혈의 백분율에서 손상되는 만

큰 기운이 떨어지게 된다. 시신은 혈속에 들어가야 만족이 되는 데에 비해 혈의 범주를 벗어나거나 걸쳐서 있는 경우가 되어 손해가 되어 좋지 않다.

⑼ 봉분의 크기

봉분은 1평 내외이다. 혈은 그 크기가 너무 클 수가 없다. 우리 사람처럼 근본이 아주 유사하다. 동물도 마찬가지이고, 거인도 거의 유사하다. 아무리 덩치가 큰 거인이지만 일반인 얼굴의 2배는 불가능하다. 인간이 소의 얼굴처럼 될 수는 없는 맥락이다. 혈도 그에 따른 이치는 거의 엇비슷하다.

음중 양의 혈은 그리 클 수가 없지만, 이곳의 봉분은 2배가 넘는다. 이처럼 큰 봉분은 첫째로 1분합의 상분과 하합이 망가진다. 물길의 손상은 그에 따른 피해가 크다. 자연에 의한 물길 따라 흘러가야 하는 것이 진리인데, 이를 인간이 임의대로 조성한다는 것은 부자연이다. 혈은 자연이다. 자연을 인간이 이길 수는 없다. 인간이 이긴다면 역린이요 역작용이다. 이에 대한 대책을 살펴보자면, 원천적으로 고친다는 것은 불가능하다. 우선 흘러내린 봉분의 흙을 봉분의 앞으로 보내면 된다.

두 번째로 선익의 손상이다. 선익은 선룡에 따라 이루어져야 하는데, 지나친 봉분의 조성으로 선익이 훼손된 것이다. 이러면 혈상의 구분도 어려워지며, 이에 따른 장법도 엉망이 된다. 이러한 사유 등으로 봉분의 크기는 선익의 안쪽, 즉 물길의 안이 봉분의 크기가 되므로 선익을 찾아 봉분이 조성되어야 올바른 장사가 되는 것이다. 이 점이 고쳐야 할 부분이다.

다른 한 가지는 봉분의 크기이다. 너무 큰 봉분은 문제가 따른다. 1분합인 상분과 하합이 자연적으로 이루어지지 않는다는 것이다. 혈의 크기는 1평 내외로 그리 크지 않는 아주 작은 면적이다. 그런데 이곳의 묘지는 그 규모가 대단하다. 촌로들의 주장은 특이하다. 잠을 잘 때 이불이 커야 따뜻하듯 묫자리도 봉분이 커야 빗물을 잘 막아 준다는 아주 단순한 논리이다.

다음은 계명의 이치이다. 과다한 형질변경과 입혈맥의 불명은 계명되지 못함을 의미한다. 계명은 앞에서 언급한 1분합의 상분이다. 상분이 분명하지 못함은 입혈의 의미를 감한다. 앞의 이러한 처사는 혈증인 6악의 이해 부족이므로 6악인 선익은 크기가 크지 않다. 봉분은 선익 안(1분합의 물길 안쪽)에 들어가야 한다. 촌로들의 지사와 혈증 위주의 필자 주장에 차이가 나는 가장 큰 이유이다.

그다음은 사성의 설치이다. 사성은 혈증으로 보면 선익이다. 자연의 선익을 복토하는 방법이 되어야 올바른 처리가 된다. 없던 봉분이 1m 정도 올라오므로 선익도 성토해야 바람 등의 피해를 줄일 수 있는데 이것이 사성이다. 그런데 현장은 선익을 복토한 것이 아니라 묘지 주변에다 임의로 만든 것이다. 이러한 방법은 1분합인 상분의 물길을 엉망으로 만들어 놓는다. 물길은 자연처럼 해야 된다. 그럼에도 불구하고 선익을 보지 못하거나 확인하지 않고 임의로 설치하면 물길은 제대로 흘러가지 못한다. 이게 문제가 된다. 이처럼 현장에서 3가지 정도의 문제가 엿보이는데 올바른 이해가 되었으면 하는 간절한 마음이다.

따라서 혈증인 6악, 3성, 혈상, 혈 종류, 혈격, 1분합, 선룡과 선수, 음중 양과 양중 음, 입혈맥, 5다 원칙, 계명, 상룡과 상혈, 종선과 횡선, 재혈(수평과 수직), 장사 등의 혈증을 짐작할 수 있다는 것이다. 본 자리는 좌선에 의한 용과 물을 볼 수 있어 최 대통령의 경력과도 일치되는 점도 찾아볼 수 있어서 그러함이 유추되는 곳이다.

⑽ 현장 설명

[그림 1]에서 ①은 봉분의 뒤가 되나 3성의 하나인 귀성이다. ②는 탁으로 선룡이 좌선임을 나타낸 것이며 돌림 현상이 있다. 이는 운동관성(慣性)이다. ③은 그 하단부가 전순이다. 이 전순이 ②번의 탁과 연결되어 전순으로 진행했다.

④는 이 자리의 봉분이다. 하단부 ④는 'j' 자의 모양이 되는 것으로, 최종적인 마무리를 하는 사(砂)로 풀 속이지만 확인이 가능하다. 이곳의 빗물은 우측으로 둥글게 흐르는 형태의 시울이 보이는 좌선수의 물이다.

①에서 ③으로 표시된 점선은 우측의 가상적인 선익이다. 보이지는 않지만 우측의 골짜기에서 지표면을 보면 어느 정도는 유추된다. 아래 견취는 필자가 현장에 임하여 그린 것이다. 누구나 이 견취도를 들고 가면 확인이 가능하다.

이러한 모양새의 혈상은 ③밑에서 마무리됨으로써 완전히 끝이 나야 하나, 재차 하단부④에서 2차적으로 마무리된 변와이면서 사(砂)가 뚜렷이 나타난 심와의 와혈 명당이다. 즉 변와이면서 심와의 와혈이다.

[그림 1] **증조부의 견취도**

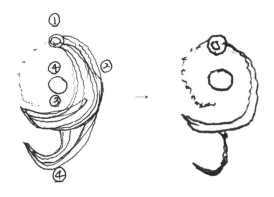

대통령, 풍수 穴로 말하다

2) 고조부의 묘지

(1) 관성(慣性)의 법칙

봉분 아래의 암석들, 우선룡의 마무리가 왼쪽 묘지 아래까지 진행되어 둥글게 이루어진 점, 좌측 편 골짜기 물길의 역수 등에 의해 맥은 멈췄다. 이는 관성에 의한 정지 법칙이다.[23] 맥이 멈추면 혈은 생성된다. 이때 운동하는 맥을 멈추게 하는 것은 ① 우측의 진행하는 맥이 떨어지도록 하는 '떨어지다'의 5다 원칙, ② 탁, ③ 암석 등이 각 요소마다 박혀 있어 맥의 진행을 막는 행위, ④ 둥글게 흘러가는 용맥의 용진과 물의 만남으로 맺어지는 용진처 등의 4가지가 있다. 위와 같은 증거들에 의해 맥은 멈추었다.

맥의 멈춤은 곧 혈임을 간접적으로 유추하는 방법의 논리이다. 이처럼 관성의 법칙이 풍수 혈에도 적용되고 응용된 곳이 여기이다. 이러한 관성의 법칙이 없었다면 혈은 생성되지 않는다. 만약 이 자리에서도 기맥의 진행이 계속적으로 진행되어 운동관성이 일어났다면 맥은 아래로 진행됐을

---

23 인터넷 「다음」, 관성의 법칙, 뉴턴의 1법칙. 관성의 법칙은 정지관성과 운동관성의 2가지가 있다. 정지 법칙은 정지하고자 하는 것이며, 운동법칙은 계속적으로 운동을 하고자 하는 법칙이다. 차가 갑자기 출발하면 뒤로 넘어진다. 이는 정지 법칙이다. 달리던 차가 정지하면 앞으로 넘어진다. 이는 운동법칙이다. 이처럼 혈장의 범주에도 이러한 관성의 법칙이 적용된다.

것이다. 그러면 혈은 생성될 수가 없다. 이처럼 운동관성이된 곳에 정지를 하는 행위가 5다 원칙과 탁과 암석과 용진처가 있어서 기운이 정지했다.

이러한 원리에 의해 본 자리는 탄생된 곳이다. 이를 보고혈을 찾은 지관·지사는 보는 눈을 가진 탁월함이 위대하다. 위는 운동관성이며 혈은 정지관성이다. 관성의 움직임이 활발한 관성은 운동관성으로 연달아 움직이고자 하는 관성이 이 묘지에서는 탁과 물과 관성(官星)의 제외이다. 이러한 지형지물이 없는 맥은 계속적으로 진행되었으며, 그렇다면 혈은 되지 못했을 것이다.

⑵ 5다 원칙

혈증의 하나인 5다 원칙은 이 자리를 두고 한 말처럼 들린다. 특히 봉분의 우측을 보면 산의 진행이 되지 못한다. 이것이 '떨어졌다'의 원리이다. 떨어짐이 없음은 맥의 진행이있을 수 있다. 계속적인 맥의 진행은 혈의 생성과는 거리가있다. 이러한 것들이 이곳에 나타난다.

다음은 '붙었다'이다. 붙었음은 요성의 의미인데 그중에서도 가장 힘이 큰 탁이다. 탁은 한 덩어리로 붙어 있다. 요성은 2개나 개수 단위로 되어 있으나, 탁은 대형의 둔덕처럼전체적인 덩어리로 붙어 있어 그에 따른 힘이 대단하다. 이러한 5다 원칙이 이곳에 작용하여 봉분의 하단부가 돌아가도록 하는 역할을 하는데 이 현상이 맥의 진행을 방해하고 돌아감으로 인해 혈은 생성되게 마련이다. 5다 원칙이 이 자리에 있는 큰 특징을 가진 곳이다.

⑶ 물길의 역수

고조부 묘지에 진입하여 봉분을 중심으로 2바퀴를 돌아도 감이 잡히지 않는다. 봉분이 너무 크고 많은 훼손으로 혈증을 보기 쉽지 않는 곳이다. 묘지 뒤 15m 정도의 거리인 봉우리에 올라 혈을 분석한바 혈증이 없다. 재차 내려와 봉분의 좌우를 살피니 오른쪽의 힘으로 돌아간다. 그럼 왼쪽에서 마무리되어야 바른 맥의 진입이 타탕하게 이루어진다.

봉분의 왼쪽에 골이진 골짜기가 보인다. 이것이 물길이다. 묘지 당판의 물길이 왼쪽 골짜기로 흘러 내려간다. 내려가는 물길은 산을 향해 역수로 빠져 간다. 대단히 좋은 길수의 물길이 된다. 앞에서도 언급하였지만 물은 높은 데서 낮은 곳으로 흐른다. 물길 옆 지형지물이 없으면 곧장 흘러가는 물길은 일직선으로 간다. 그런데 이곳은 증조부의 묘지처럼 역수가 된다. 'ㄴ'과 같은 니은 자나 'ㄴ' 형태의 낚시고리처럼 내려가는데, 곧장 가지 못하도록 돌아서 가는 형태가 된다. 참으로 묘한 곳의 물길이 나타난다. 풍수상 대단히 길수라 하는 물길의 모양이 되는 곳이다. 흔치 않는 물길로 길수가 아닐 수 없다. 자체 물길만으로도 좋다고 보는 자연의 이치가 된다.

그러나 이 물길이 혼자 이렇게 진행되어 가는 것은 아니다. 지형지물이 존재하여 그것을 돌아가는 맥에 의해 물길이 탄생한 것이다. 이 묘지는 동네 뒤쪽에 위치하며 독산처럼 보인다. 후면에는 도로가 있어 잘려 나간 흔적이 나타난다. 독산은 물이 빙빙 돌아간다. 이곳이 그렇다. 산 아래 돌아가는 물을 보고 앉은 집[24]에 살아가는 주민이 언뜻 만족하지 못한 걱정이 앞서기도 한다.

(4) 맥의 고리

이 자리는 특이하다. 독산처럼 뱅글뱅글 돌아가는 맥선이 마치 실타래처럼 용맥이 돌면서 마무리됐다. 우측에서 돌아 좌측의 조그마한 골짜기가 있는 곳까지 돌아서 진행됐다. 돌아가는 형태가 탁이다. 탁은 요도나 지각과 같은 원리가

---

24 독산 하단부 물가에 입지한 독가촌이 있다. 고풍스런 옛집에 골동품을 수집하여 비치하고 있다. 이 집은 최 대통령의 고조부 자리가 혈이라 돌아가는 탁 아래 외측에 위치하므로 혈상이 없는 곳이다. 이러한 곳에서 오래 살면 풍수상 좋지 못한 현상이 우려되는 것이 현실이다. 이를 감지한 필자는 그 집에 들어가서 좋은 안부를 펼친바 있다. 하지만 이를 느끼지 못한 집주인 아주머니의 앞날이 심히 염려된다.

되나 뭉쳐 한 몸이 되어 움직인다. 이러한 탁은 힘이 대단하다. 뭉쳐진 힘 그대로 다 밀어주기 때문에 요도나 지각에 비해 밀어주는 힘은 배가된다. 이 탁이 봉분의 하단부를 돌게만든 지형지물이다. 탁의 아래에는 직진으로 진행을 못하게하는 관성들이 많이도 존치해 있다. 이들과 탁의 영향으로맥은 고리처럼 돌아 좌측 편까지 다다랐다. 대단히 좋은 형상이 있는 곳이다.

혈증이 보이지 않고 산맥이 진행한 흔적만 보인다. 맥은멈추어야 하는데 멈춘 지표면이 없다.[25] 내려가서 재차 묘지주변을 맴돌아 선룡이 확인됐다. 우선으로 돌다가 묘지의좌측 하단부에서 마무리됐다. 그 형태가 역 'ㄱ' 자였다. 우선으로 돌아 좌측에 골인 움굴지가 형성된 형태로 빙 돌아둥글게 마무리한 흔적이 지표면에 나타난다.

⑸ 독산의 관성(官星)

맥선의 아래에는 헤아릴 수 없을 정도로 많은 암석들이박혀 있다. 암석은 위에서 맥의 진행을 차단하는 역할을 한다. 또한 토성의 나약함을 강하게 하는 역할도 하는 것이 암

---

25 필자와 같이 동행한 허 박사 등 2명과 풍력이 대단한 술사 2명 등 5명이 지표면을 훑쳤다.

석이다. 암석은 많이 붙어 있으면 있는 만큼 힘이 커진다. 이러한 현상이 이 묘지의 하단부에 있다. 대단한 기운이 점쳐지는 곳이다. 이에 대한 힘이 아마도 대통령의 자리와도 관련성이 있다고 유추된다.

독산 주변에는 맥이 높게 형성되어 있으며 돌아감에 따라 암석이 요소요소마다 산재해 붙어 있다. 용맥의 흐름이 직진으로 진행될 수 없는 증거가 올라오기 전에 본 암석들이다. 이것이 관성이다. 숫자를 헤아리기 힘들 정도로 많은 종류의 암석이 이 독산에 존치됐다. 참으로 귀한 곳이기도 한 곳이며 대단한 곳이구나 하는 생각이 든다. 이들 암석들은 3성의 하나인 관성이다. 관성은 후손들의 벼슬인이 한두 사람이 아니라는 의미가 된다. 풍수 학술인들은 관성 하나에 벼슬 1인이 난다고도 해석하는 설명이 있다.

⑹ 많은 훼손

증조부의 자리보다 그 규모가 크고 훼손 정도도 더 크다. 봉분의 주변 전체가 훼손 덩어리로 가늠이 어렵다. 이렇게 많은 훼손은 백분율을 떨어뜨리므로 가능하면 자연을 아끼고 혈중을 보존하는 지혜가 필요하다. 재차 말하지만, 불필요한 훼손은 혈장을 망가지게 하고 기운을 작게 하는 것이 되어 좋지 않다. 장사 시 지양하여야 될 문제가 이것이다. 묘지에 올라가니 너무나 많은 형질로 마치 임의로 만든 묘지처럼 보였다. 안타까운 마음이 절로 난다. 현장 확인이 어려워 선룡 자체도 구분키 힘들었다.

⑺ 선룡의 원리

맥의 돌아감이 우선이다. 묘지의 우측부터 시작하여 오른쪽의 편맥으로 진행하는 것으로 우선룡이 된다. 선룡은 편맥이 되어야 돈다. 정맥으로 흐르면 곧장 나아가는 맥이 되어 휴맥이 되거나 사룡이 된다. 그러나 이곳에서는 오른쪽 맥의 힘으로 돌아가는 맥이 되어 권력보단 돈이나 부의 재력적인 힘이 더욱 나타나는 곳이다. 우선은 직접적인 계선의 행위보단 간접적인 참모의 역할이 돋보이는 행태로 판단된다. 이러한 용맥의 움직임이 최 대통령의 품성과도 어울린 듯해 보인다. 증조부의 자리는 좌선인데 이곳이 우선이라 선룡의 격이 맞다. 이곳 역시 기이한 곳이기도 한 묘지로 길(吉)적인 현상이 나타난다. 이는 정와와 천와의 와혈 혈증으로 명당이다.

⑻ 입목의 처리

봉분이 크고 묘역 주변에 소나무 등이 존치되어 있어 바람이 불면 봉분의 피해가 염려된다. 더구나 나무의 수고가 커서 서 있는 나무가 바람 등으로 넘어지면 봉분을 때린다. 이러한 피해를 예방하기 위해서도 가까이 있는 나무는 베어서 정리하는 것이 좋다. 주변의 나무 수고를 측정하여 봉분의 거리 안에 들어가는 나무는 제거해야 된다. 이를 무시하고 방치하면 봉분의 손상 피해가 커진다. 여름철 장마나 태풍이 오는 것을 미리미리 예방해야 될 듯싶다.

⑼ 봉분의 크기

이곳의 묘지도 증조부의 묘지처럼 크다. 이러면 바람의 피해도 있지만 흙은 삼투압의 영향을 받아 점차 흘러내린다. 흘러내리는 흙은 전순 앞으로 처리하면 된다. 새롭게 장법을 하는 것보다는 흘러내리는 흙이 있을 때에는 수시로 정리를 해야 봉분이 작아진다. 그래야만 선익이 살아나고 선익의 존재가 완성된다. 이를 방치하면 그만큼 피해가 따른다.

⑽ 상혈의 염려

상혈은 혈의 입수와 전순을 보고 종선을 측선으로 긋고 양 선익의 가장 둥근 만곡 부위를 기준으로 횡선하며, 이때 만나는 그곳이 정혈 자리이다. 만나는 이 지점에 배꼽을 놓고 판단할 때 하단부의 전순으로 치우쳐 장사하는 방법이 상혈이다. 상혈은 잘못된 장사의 방법이다. 따라서 상혈이 되지 않기 위해서는 혈증인 6악을 일일이 다 확인해야 한다. 확인됨이 없는 종선과 횡선의 측선엔 문제가 따른다. 상혈이 염려되는 이치는 혈증의 차원에서 다룬 혜택의 범주에서 마이너스 요인이 커져 혈의 영향을 다 받아 주지를 못한다. 이에 대한 손실은 크다. 그러므로 횡선과 종선의 합치점에 정혈을 하다는 원리는 의미가 아주 깊다.

그런데 이곳이 상혈의 염려가 우려되는 곳이다. 기회가 된다면 올바르게 하는 방법을 찾아야 개선될 것이다. 상혈은 합수가 되는 부분이 흙으로 되어 있으므로 하합의 물길이 흩어져 버려 물길이 엉망이 된다. 이처럼 상혈은 물길과 선익이 망가지는 현상이 초래되므로 조심해야 한다.

⑪ 진입로의 바름

고조부의 묘지 진입은 순조롭다. 선룡선수가 우선으로 진행된 맥선이기 때문에 우선이다. 우선에는 힘의 쏠림 현상이 오른쪽에 있기 때문에 맥의 손상이 염려되지 않는 곳인 왼쪽으로의 통행이 좋다. 그런데 그러한 현상이 이곳에 있다. 아주 적절한 진입로의 산길이 설치됐다. 자연의 이치대로 설치된 길로서 다행스럽다는 생각이 든다. 진입로가 힘을 받는 곳에 설치되면 그에 다른 피해가 있지만, 힘이 존재하지 않는 곳에 대한 진입은 그에 따른 피해가 없기 때문에 좋다. 이는 묫자리를 보다 더 좋게 만드는 조성 방법이다. 자연의 이치를 아는 행위는 타의 모범이 되는 것으로 다른 묘지에서도 이를 도입해서 사용하여야 할 것이다.

혈증인 6악, 3성, 혈상, 혈 종류, 혈격, 1분합, 선룡과 선수, 음중 양과 양중 음, 입혈맥, 5다 원칙, 계명, 상룡과 상혈 ,종선과 횡선, 재혈(수평과 수직), 장사 등이 간접적으로 유추된다. 우선룡은 명예나 부의 개념으로 이해된다. 이에 비해 좌선은 귀로 나타난다. 따라서 이 두 곳은 보기가 참으로 좋다. 대통령 만들라고 이러한 자리가 있구나 하는 생각이 든다.

그렇지만 미흡한 점도 지적된다. 과도한 형질변경과 만들어진 사성의 인위적인 문제, 상혈의 정도 등이 분석된다. 문중에서 기회가 된다면 수정할 수 있는 방법을 강구하여 올바른 장법이 되었으면 한다. 두 곳은 모두 와혈(증조부는 변와와 심와, 고조부는 정와와 천와)의 명당으로 대학 교수에서 대통령의 자리로 이르게끔 했다고 말할 수 있다. 이것이 바로 풍수상 혈이다.

⑿ 도로에 의한 맥절

묘지 뒤편에는 큰 도로가 나 있다. 이러한 피해는 적지 않다. 풍수 혈과 맥의 단절과는 원수지간이다. 그래서 촌로들이 길을 낼 때 묘지 뒤편은 주지 않는다. 아무리 사정을 해도 뒤편의 땅을 주는 것은 불가능했다. 그 대신에 조금 돌아가도 앞은 주었다. 이는 뒤편의 맥을 보호하려는 의도가 있고, 묘지 앞은 전순을 보호하는 의미도 있다. 이곳 고조부의 자리는 대형의 도로 개설로 인해 잘려 버렸다. 참으로 애석한 일이 아닐 수 없다. 추후에도 이러한 일은 일어나지 않도록 문중에서나 '최규하대통령기념사업회'에서 용맥의 절단에 대해서는 금해 달라는 주문이 있어야 할 것이다.

⒀ 현장 설명

[그림 2]에서 ①은 봉분이다. ①의 봉분 우측의 점선은 가상적인 우선익으로 유추된다. 이 부분 역시 너무나 많은 훼손으로 잘 보이지는 않지만 여타 혈형을 참고로 하여 살펴보면 이해가 된다.

②는 외측의 산으로 전순의 하단부이다. ②, ③, ④ 위의 등고선 중간에 그려진 검은 그림은 요성들이다. 그 수가 헤아리기 어려울 정도로 많다. 대단한 기운이 감지된다. 이는 맥선의 진행을 막는 것으로 정지관성(慣性)이다. 이 관성으로 맥이 돌아 정지하게 하여 혈이 결정적으로 생성되는 아주 중요한 역할의 사(砂)로 아주 좋은 길사이다.

③은 대단히 중요하다. 봉분에서 유심히 이쪽 방향을 보면 찾을 수 있다. 깊지 않은 골짜기이다. ①의 봉분 주변을 둥글게 돌아 ③의 골짜기까지 돈 형태로 혈판의 물은 이 골짜기로 흘러내린다. 참으로 기이한 골짜기로 봉분우측에는 이러한 골짜기가 없다. 골짜기 ③의 우측은 묘지로 올라가는 진입로이며, 이는 작은 사로서 맥이다. 맥과 골짜기를 유심히 보면 높낮이의 분별이 가능하다.

④는 봉분 외측의 물줄기이다. 이 물은 봉분을 중심으로 우선으로 흐른다.

⑤는 탁으로 요성의 역할을 할 뿐 아니라 봉분을 중심으로 둥글게 돌아 시울이 나타나며 우선하는 맥선이다. 이것이 'j' 자가 되는 모양새이다.

⑥은 외측의 도로이나 물길과 같은 둥근 형태의 도로이다.

⑦은 고속도의 도로이다. 아마도 맥이 손상받았을 것으로 판단된다. 좋은 현상은 아니다.

이러한 형태의 혈 4상은 훼손이 많아 판단하기가 쉽지 않다. 그러나 맥이 우선으로 둥글게 돌아감이 있고 그 형태가 마치 집 둥지 같은 형상으로 와혈에 가장 근접하게 보인다. 이러한 혈상은 협와와 높낮이가 낮은 천와의 와혈로 유추된다.

[그림 2] **고조부의 견취도**

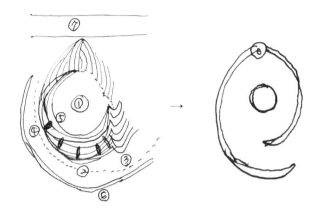

3) 증조부와 고조부 두 묘지의 공통점

⑴ 봉분의 골짜기

증조의 할아버지는 우측에 골짜기가 선명하다. 고조의 할아버지는 좌측에 골짜기가 있다.

⑵ 선룡과 선수의 관계

증조는 좌선룡에 좌선수가 되고, 고조는 우선룡에 우선수가 된다.

⑶ 'j' 자 원칙

'j' 자의 모양이 있다. 이는 결정적으로 혈을 만드는 조건이 된다. 이 'j' 자 이론은 필자의 작품이다. 이것이 있어야 맥이 정지하며, 맥의 정지는 혈을 의미한다.

⑷ 관성의 법칙

2곳 모두 운동관성과 정지관성이 있다. 맥은 직진성이 있다. 이에 대해 편맥, 3성, 5다 원칙이 맥을 중지한다. 고로 관성의 법칙이 존재하면 혈은 생성된다.

⑸ 3성의 존치

증조는 귀성이 있고, 고조는 관성이 많이 존치되어 있다.

⑹ 많은 훼손

2곳 모두 많은 훼손으로 혈증이 붕괴되어 분명하지 않다.

⑺ 큰 봉분

봉분은 1평 내외가 되나 2곳 모두 규모가 2평 이상으로 크다.

⑻ 상혈의 존재

2곳 모두 정혈이 되지 못한 형태로 상혈이다.

⑼ 입로의 바름

묘지에 진입하는 요로가 맞게 되어 있다. 증조는 좌선으로 우측에 있다. 입로는 적정했다. 고조도 마찬가지로 우선룡으로 적정하게 입로가 좌측에 있다.

※ 당판의 물길, 선룡과 선수, 'j' 자 원리, 3성의 존치, 관성의 법칙, 입로 등이 잘되어 있다. 많은 훼손, 큰 봉분, 상혈 등은 개선되어야 할 대상이다.

◆ 전두환 대통령의 생가와 조상 묘지

전두환 대통령의 생가는 경상남도 합천군 율곡면 내천리에 있으며 부모의 묘지는 쌍분으로 율곡면 기리 산 80번지 지릿재 정상에 있다. 조부(永洙)의 묘지는 단분으로 생가 뒷산 못재 28-8번지에 있고, 조모(광주 노씨)와 증조모(유인 정씨)의 묘지는 각각 단분으로 내천리 산 45번지이며 못재 100m 아래 좌측으로 올라가는 임도 끝에 위치한다. 조모와 증조모의 묘지는 10m의 거리를 두고 있다. 회룡하는 자리가 조모로 시모와 며느리가 죽어서도 같이 붙어 있어 살아생전에 사이가 좋았음을 생각하게 하는 관산의 기회가 되는 곳이다. 증조부(錫注)의 묘지는 단분으로 내천리 산 39번지에 있으며 조모 자리의 향이 되는 곳으로 직선거리 50m 정도로 근방이다. 조모의 자리에서 보면 산이 오는(회룡하는) 방향의 안산이 된다. 안산 봉우리에서 내려가는 방향으로 50m 정도에 위치한다. 고조부모와 그 이상의 묘지는 합분으로 합천군 쌍책면 상신리 산 186-3번지에 있으며 장사랑과 승사랑의 표지석이 있다.

이 산은 전 대통령의 선산으로 문중의 묘지들이 여기저기 산재해 있다. 이들 중에서 생가와 조모, 증조부의 묘지가 주목된다.

1) 생가

전 대통령이 태어나 자란 곳으로 황강이 바로 마을과 인접해 있어 평사낙안형의 마을이란 형국명이 붙은 곳이다.

⑴ 맥선 아래 위치

생가는 맥을 타고 있다. 뒤를 돌아서 가면 집의 좌우측보다 생가가 1촌(寸) 이상 높다. 물을 갈라 주는 맥선이 분명하게 나타난다. 일반적인 집들은 이러한 현상이 나타나지 않지만, 이곳 전 대통령의 생가에는 맥의 높이가 높고 물을 분수하는 맥선이 살아 있는 것을 볼 수 있다. 이러한 현상은 일반 주택에서는 좀처럼 볼 수가 없다. 풍수적으로 길지임을 암시하고 있는 측면이 강하다. 맥은 물을 갈라 주며 기운을 전달하는 체계가 되어 풍수론적으로도 좋게 해석하는데, 이곳에 나타나 있다.

⑵ 집 좌우측의 암석

집의 뒤꼍에는 암석들이 박혀 있는데 그 모양이 '一' 형의 집 좌우측에 있다. 주택의 규격에 맞게 암이 존재한다. 암을 확인하고 그에 맞추어 집을 지은 것으로 보이는데, 기운의 속 깊이가 느껴진다. 일반적인 집은 규모가 큰 데 비해 이 집은 오히려 작다. 암석에 맞게 짓다 보니 크기가 작은 것으로 생각된다. 암석이 좌우측의 간격을 배치하듯 맞게 존치해 있어 보기가 좋다. 이러한 암석은 좌우측의 요성의 역할이 될 것으로 생각되기도 한다. 이는 3성이다. 집에 이러한 3성인 요성이 존재한다는 것이다. 이 3성의 이름 자체도 별 '星' 자이다. 대통령의 군 생활과도 관계가 있는 듯 생각된다.

⑶ 묘한 분금

집들은 좌와 향을 놓을 때 일정한 기준을 둔다. 도로나 물을 보고 평행선이 되도록 배치하는 것이 일반적이다. 그런데 이 집은 평행이 아니다. 앞에 있는 도로를 기준으로 놓고 볼 때, 물이 들어오는 곳과 나가는 곳이 있다. 집에서 보면 우측에서 물이 들어오고 좌측으로 외수가 간다. 이때 집의 배치는 평행이 분명 아니다. 물이 들어오는 오른쪽이 더 여유 있다. 즉, 배치된 집의 우측을 물러서 지은 것이다.

이는 들어오는 물을 바라본다는 의지적인 경향으로, 보다 높은 차원의 의미가 들어 있다. 이러한 배치는 여타 다른 곳에서는 읽을 수 없는 방법이다. 들어오는 물을 거수함과 동시에 이 물을 간직하고픈 의향이 깃든 대단한 풍수의 술책이 아닐 수 없다. 이러한 논리는 전 대통령의 부친이 철학을 한 것으로 함축된다. 참으로 기이한 방법의 현상으로 풍수인들은 한 번쯤 이해를 하여야 될 것이다. 이것이 집을 지을 때에 필요로 하는 분금이다. 즉, 분금법을 아주 적절히 활용한 실증이 이곳에 있다.

⑷ 바른 배치의 건물

첫째는 배산임수의 배치 방법이다. 맥이 들어오는 곳을 배산으로 하고, 그에 따른 집의 배치로 자연스럽게 앞에는 물이 존재한다. 흘러가는 외수는 집과 평행되게 흘러 황강으로 들어간다. 이곳이 전형적인 배산임수의 요소로 배치한 것으로 적절하게 나타난다.

두 번째는 전저후고의 원칙이다. 물론 본 건물이 '一' 자형 건물이지만 기초 단을 만들어 3·2·1공법을 한 것으로, 앞은 낮고 뒤는 높은 지형을 만든 것이다. 자연이 아니라 인위적인 방법이 들어간 곳으로 전저후고의 원칙이 깃든 곳이다.

세 번째로 전착후관이 있다. 전착은 울타리가 있어야 되고 대문이 있어야 된다. 이곳 역시 울타리가 주변에 있는 흙과 돌로 구성되어 있고, 대문은 물이 들어오는 것이 보이도록 설치됐다. 집 앞의 물이 우측에서 좌측으로 내려가는 것을 의식하고 의도적으로 우측에 설치한 것이다. 이것이 바로 논법적인 장점의 풍수가 된다. 참으로 좋은 조건의 설치가 돋보인 곳이다. 이러한 조건은 일반적인 다른 곳의 집들과는 많은 차이가 난다.

이상과 같이 배산임수, 전저후고, 전착후관의 3법칙을 아주 바르게 설치한 곳으로 풍수적으로도 좋고 보기도 좋은 곳이 되며 풍수의 경연장이 바로 여기이다.

⑸ 좌선룡

선룡이 좌선으로 들어오는 곳이다. 이러한 선룡은 물을 거수(拒水)해 줌으로써 집의 조건과도 아주 부합하며 규모가 큼을 나타낸다. 만약에 우선이라면 황강이 보이고 강이 보이면 국에 의한 규모가 작아져 좌선에 비해 격이 떨어지는데, 다행히 좌선이기 때문에 국에 대해서는 크며 정상적이다. 아마도 스케일이 큰 조건의 격이 완성된 듯하다. 이러한 요소들이 이 집의 풍수적인 조건을 보다 합리적으로 해결해 주는 요인이 되기도 한 것이다.

⑹ 내수와 외수의 관계

이 집에서 물길은 우측의 못에서 시작되어 좌측에 있는 황강으로 들어가는 물이 외수이다. 이에 순응하여 집 내부의 물은 역수가 되도록 지어졌다. 외수와는 교차되도록 하는 배치로서 아주 효과적인 물 처리이다. 좌측에서 이루어진 물은 대문으로 흘러가게 하는 내수의 법칙이다. 이것이 풍수의 길적인 배치 방법이다. 이러한 관계를 긍정적인 방법으로 설치한 곳이 이 집이다. 따라서 집 밖의 물과 집 안의 물은 상호 역수가 되어 길하게 배치되어 좋다.

⑺ 평탄지에 앉은 자리

위와 같은 여러 가지의 호 조건 아래 건축된 생가가 위치한 곳이 평평한 평탄지이다. 집은 경사지에 설치하면 물 처리와 접근 방법 등이 바르지 못하다. 그래서 평탄지의 집을 좋게 판단하는 것이며 평탄해야 안전하게도 보이는데, 이러한 논리를 가진 곳으로서 좋다. 집의 조건이 다수 갖추어져 있고 건축도 그 규모에 맞게 만든 곳으로 해석되는 아늑한 시골풍의 보금자리인 양 느껴지는 곳이다.

⑻ 수평에 의한 평전수

집 앞에는 산촌이지만 논으로 이루어진 농경지가 있다. 이곳에는 수도 작물인 벼가 생육하고 있다. 가을철에는 황금 들판으로 풍요로운 느낌이 든다. 가물 때 논에 물이 들어오는 소리가 농민이 가장 바라는 소리의 마음일 것이다. 물이 없어 한층 가물이 들어 벼가 타들어 가는 때 물이 들어오는 기쁨은 농민이 아니면 이해가 어려울 것이다. 집 앞의 논은 물 걱정을 덜어 주는 황강과 마을 위에 못이 있어 논물의 걱정이 없는 곳이다. 이러한 곳이 평전수이다. 평전수는 먹을 곡식에 대한 걱정이 없다. 배부르고 등 따시면 농민은 걱정이 없듯, 이곳에서 그러한 풍경이 연출되어 아주 좋게 보인다.

⑼ 숨겨진 비밀의 좌향

이 자리는 좌향이 특이하다. 물의 얻음을 강조한 것이 눈에 들어온다. 득수처의 물 얻음과 합수처의 거수를 동시에 담아 좌와 향을 놓은 것이 특징이다. 이러한 방법은 다른 곳에서는 읽을 수가 없다. 대단한 풍수의 고급적인 기술로, 아마 전국을 다녀 보아도 이렇게 배치한 건물은 없을 것이다. 배워 둘 필요가 있다. 벽돌 2장 정도의 거리를 두어 물이 나가는 쪽의 유실을 막아 보려는 의도가 보인다. 이에 대한 효과는 측정할 길이 없지만 풍수상 논리는 상당하다고 인정된다. 숨겨진 비밀의 풍수가 아닌가 생각되며 깊은 의미가 녹아 있는 곳이다.

⑽ 생가 견취도 설명

[그림 1]에서 ①은 맥이 좌선으로 들어가는 형태이고 ②는 본 건물이다. ③은 좌측의 암석이며 ④도 암석이다. ⑤는 대문이며 ⑥은 감나무이다. ⑦은 부속 건물이고 ⑧은 도로이다. ⑨는 들판이고 ⑩은 물길이다.

그림과 같이 좌선으로 들어가는 맥으로서 물을 거수하는 형태가 된다. 맥의 진입은 집 뒤의 집인 도로에서 보면 좌우측의 물길을 구분해 준다. 분명한 맥이 있다는 것이 입증된다. 이 집의 좌우측에는 암반이 드러나 있다. 아마도 좌측의 암반에 의해 마무리된 듯하다. 또한 이 집은 3간법이 있다. 배산이 되며 자연스럽게 임수가 된다. 본 건물은 단을 놓아 비교적 높다. 이가 전저후고이다. 그리고 대문은 우측의 끝 지점에 위치한다. 이는 전착이다. 이처럼 3간법으로 만들어진 집이다.

또 한 가지 중요한 것은 평탄한 지면을 잘 다스려 물을 거수하는 데 있다. 도로와 평행되게 하는 것이 아니라, 우측이 1m 안 되게 들어가 있다. 이는 물을 거수하기 위한 방법이다. 집 앞의 물을 조금이라도 보기 위한 방편으로, 혹은 물길을 잡아 두고자 하는 의도로 집의 방향을 안쪽으로 잡아당겼다. 이러한 배치는 풍수상 여러 가지 이익이 되는 효과적인 건물의 배치이다. 참으로 대단한 배치의 효율성이 나타나는 곳이다. 이는 전 대통령의 아버지의 노력이 아닌가 한다. 일찍이 철학 등 풍수 연구에 몰두한 이력이 있었다고 본다. 이 집의 효율성이 상당한 것으로 보이는 이유가 된다.

우측의 견취는 생가의 모양을 유추해서 그려 본 것이다. 이 그림이 가장 적절한 것으로 이해된다. 만약에 이 그림이 맞다면 와혈로 보인다. 깊이는 암석 등이 표출되어 있어 그 깊이가 깊다. 이는 심와이다. 이 집 역시 조모의 묘지와 같이 전후좌우가 균형된다. 이런 혈상은 정와이다.

따라서 정와와 심와의 와혈로 보인다.

[그림 1] **전두환 대통령의 생가**

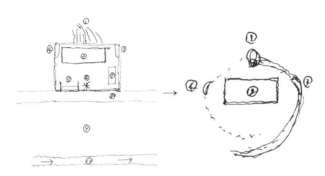

2) 조모의 묘지

이곳의 핵심은 음택이다. 그런데 단분으로 조성된 묘지의 기수가 많다. 그 많은 기수 중에 조모의 묘지가 가장 돋보인다. 그것은 원이라는 원형의 모습이라는 것이다. 또 하나는 묘지에 이해관계인의 표시가 없다는 것이다. 일반 민묘는 관리인과 묘 주인의 이해관계가 표시되어 있는 반면에 전 대통령의 조상 묘지에는 상석에 이러한 표시가 없는 것이 특징이다.

⑴ 맥선의 멈춤

조모의 자리는 왼쪽으로 돌면서 진행하는 맥이 된다. 맥이 돌다가 멈추면 진행은 되지 않는다. 조모의 묘지가 둥글게 돌면서 용진하다가 지금의 자리인 봉분 있는 곳에서 멈추어 섰다. 멈춘 곳이 정지관성으로 이루어진 묘지이다. 즉, 혈이 되는 조건이 이곳에서 발견됐다. 조모의 자리는 이처럼 맥이 멈춘 곳이 확인되는 자리로, 시모(증조의 묘지)의 묘지인 능선에서 흘러 내려가는 맥이 발견된다. 가다가 이 자리에서 좌측에 있는 탁에 의한 힘으로 그 기운이 돌아간다. 돌아간 그곳에 묘지가 장사됐다.

⑵ 크지 않은 곡맥

이 자리는 왼쪽으로 크지 않게 빙글빙글 돈다. 계속 진행하면서 한쪽으로만 도는 곡선의 맥이 된다. 그 돌아짐의 정도는 크지는 않지만 돌다가 마지막을 만든 곳, 즉 용진을 다한 곳이 이곳이다. 곡맥의 마지막 지점이 조모의 자리로 혈을 생산하기 위한 방법의 움직임이 탁인 맥인 것이다. 곡맥은 박정희 대통령의 생가 뒤편에서도 나타난다. 그곳은 이곳과 달리 크게 돈 것이며 이곳은 작고 짧게 돈 것으로 상호 차이는 나지만, 둥글게 돈다는 개념은 같은 현상으로 상당히 긍정적이다.

⑶ 왼쪽이 낮은 횡혈

곡맥에 의해 이루어진 곳은 횡혈이 되어야 정상적인 혈이 된다. 이러한 혈이 이곳에 있다. 바로 조모의 자리가 횡혈로 이루어진 혈이다. 횡혈은 바로 달려 붙어 사용되어야 되는데 이것이 바로 혈의 조건이 된다. 즉 입수가 돌아누운 곳이 되며, 전순은 좌선의 기운으로 이루어지며 선익도 좌측이 크다. 이러한 이치로 볼 때, 이곳이 딱 그러한 곳이다. 만약에 왼쪽이 낮으면 진행하는 맥이 되는데, 이곳이 높다. 맥선이 높으면 좌선으로 돌다가 마무리를 하는 징조가 된다. 그러므로 본 묘지는 좌선으로 돌다가 본 묘지에서 마무리가 된 형태로서 좌측이 높게 돈 것이 마무리와 동시에 횡혈을 생산하게 된 것이다.

⑷ 횡룡입수인가? 회룡입수인가?

횡룡입수는 들어가는 형태가 일직선에서 이루어지는 것이 아니라 90도를 틀어 진입하는 입수의 방법이다. 이에 비해 회룡입수는 빙글빙글 돌아 들어가는 입수의 방법이다. 명확히 구분되는 입수의 방법이다. 하지만 이곳에서는 2가지 모두 함께 이루어지는 기이한 현상이 나타난다. 참으로 자연의 이치는 묘하다.[26]

‒

26   필자의 풍력은 강산이 3번 흘러가고 있다. 하지만 이처럼 입수가 한곳에서 2개의 방법으로 이루어진 곳은 처음이다.

⑸ 회룡시부혈

조모의 묘지는 바라보는 방향이 고조부의 방향이 된다. 아무리 그쪽을 본다 한들 혈이 되지 못하면 회룡고조혈이 아니다. 다만 이러한 모양은 회룡고조형이 된다. 따라서 본 자리는 조상(증조부)을 보기도 하지만, 오는 산을 보는 것이 동시에 이루어진다.

따라서 정확한 명칭은 산을 바라본다면 회룡고조혈이 되지만 조상을 바라본다면 회룡시부혈이 될 것이다. 이렇게나 저렇게나 의미는 같다. 다만 혈이 되지 않는다면 형으로 이름이 지어져 문제가 되지만, 혈이 된다는 조건하에서는 같다는 뜻이다. 아주 묘한 곳이 이곳에서 나타난다.

⑹ 좌선룡

이 묘지까지의 도달 방법이 시계 방향인 왼쪽으로 돈다. 이것이 좌선의 선룡 흐름으로 이루어진 맥이 된다. 우선이 되었다가 좌선이 되면 운동성이 강해 맥은 진행해 가 버린다. 이런 반면에 이곳에선 한쪽으로만 돈다. 그 방법이 좌선으로 돌아 마무리한 것으로, 좌선의 힘에 의한 기맥의 움직임이다. 이러한 방법으로 흘러간 선룡이 좌선이다. 좌선은 귀의 개념으로 본다. 전 대통령의 역(歷)에서도 나타난 바와 같이 이러한 현상이 자주 보이는 현장이다.

⑺ 원형의 혈장

혈장의 전후좌우가 거의 둥글게 이루어졌다. 길지도 짧지도 않게 둥근 형태의 혈장이다. 마치 우량아처럼 생긴 혈장으로 그에 따른 기운은 좋게 보인다. 혈은 장방형의 모양보다는 둥근 원형의 혈장이 기운 면에서는 앞선다는 것이 이명박 대통령과 정동영 후보 간의 비교 분석에서도 나타난다.[27]

따라서 본 자리의 혈 모습은 둥근 나선형의 달팽이에 가깝다.

[그림 2] **나선형의 달팽이 모양**

⑻ 단분에 의한 묘지 조성

본 자리는 단분이며 계선의 묘지도 단분이다. 다만 전 대

---

27 이명박 대통령의 증조모의 자리는 둥근 원형이다. 이에 비해 정동영 후보는 전후가 긴 장방형의 타원형이다. 이 2곳의 묘지를 분석한 내용은 그 장에서 분석한 것과 동일하다.

통령의 부모 자리는 쌍분이다. 이처럼 선대 조상의 묘지가 단분이란 의미는 길지를 찾아 장사했음을 간접적으로나마 이해할 수 있는 모양새이다. 단분은 1인 1혈의 개념이다. 합분도 아니고 쌍분도 아닌 오직 1인 단분의 개념은 풍수적으로도 길지를 찾아 나서는 미묘함의 극치로, 집안에 풍수를 전공하는 지관 · 지사가 있음을 간접적으로 나타낸다. 이는 그의 부친이 철학을 한 전문인임을 인정해 주어야 한다는 내용과도 일치된다.

⑼ 시모와의 관계

일반적으로 시모와 며느리는 사이가 좋지 않고 원수지간이 많다. 그런데 이곳은 시모인 증조모가 지근거리이다. 밥상을 놓고 같이 식사를 해도 되는 거리의 묘지 간격이다. 필자도 많은 것을 보고 느낀 행복한 감정이 묻어난다. 참으로 좋은 현상이 아닐 수 없다. 이렇게 참된 풍수의 현장을 보는 순간은 잠시나마 행복감이 든다. 풍수 혈을 연구하는 학인들은 필히 이곳을 방문하여 생각해 보길 기대해 본다.

⑽ 조모의 견취도에 대한 설명

[그림 3]에서 ①은 전두환 대통령의 할머니 봉분이고 ②는 맥이 좌선으로 들어오는 형태이다. ③은 좌측으로 돈 시울

이며 ④는 돌로 쌓은 석축이다.

이상에서 견취한 것과 같이 ②로 도는 형태의 좌선룡의 시울이다. ②의 외측으로 ③의 외측으로 산은 용진하지 못했다. ②와 ③에서 완전히 돈 흔적이 마무리되어 나타난다. ④는 전순인데 석축으로 되어 있어 한층 더 견고하게 이루어져 있는데, 비교적 잘한 것으로 보인다.

우측의 그림은 좌측의 형태를 보고 상상해서 그린 견취도이다. 하지만 흐름이나 마무리 등을 볼 때 우측의 형태가 틀림없을 것으로 생각된다. 이러한 형태는 와혈이다. 종류는 선익이 보이지 않으므로 그 깊이는 얕은 천와로 보인다. 봉분을 중심으로 전후좌우의 균형이 잡혀 있다. 이는 정와로 판단된다.

따라서 이 자리는 천와와 정와의 와혈이다. 전 대통령이 대통령에 오른 것은 아마도 이 자리의 기운에 영향을 받아 이루어진 것으로 예측된다.

[그림 3] **전두환 대통령의 조모의 묘지 견취도**

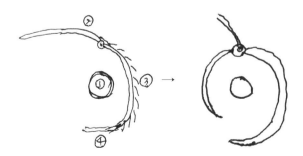

3) 증조부의 묘지

⑴ 황소 뿔과 같은 모양의 뚜렷한 우각사

우선익의 시작은 넓으며 마치 황소의 뿔과 유사하다. 전형적인 우각사(牛角砂)의 모습으로, 초입부는 아주 넓고 점차 줄어들어 전순으로 연결되는 순간에는 좁게 형성되어 있다. 좌측에도 우측보단 좁지만 비교적 넓게 형성되어 있는데 이러한 형태가 우각사이다. 마치 소뿔과 아주 유사한 모양이 이곳에 있어 좋게 생겨 보기에도 시원스럽다.

⑵ 혈장 밖의 시울

선익의 밖에 있는 시울이 좌측이나 우측에 있다. 특히 우측의 시울은 둥근 형태가 되어 동그란 모양이 쉽게 확인된다. 시울은 용진을 하지 못하도록 하는 역할을 하며 선익을 형성하는 간접적인 역할도 하는데, 이러한 시울이 이곳에 있다.

⑶ 선룡이 우선

입수를 통한 선룡이 우선이다. 전순의 끝이 좌측에서 마무리된 모습이다. 우선은 부(富)를 다스리는 기운이 있는데, 이곳에 그러한 영향이 있는 듯했다. 전 대통령의 윗대에 돈을 먼저 생각게 하는 간접적인 이유가 되는 현장이기도 했

다. 부는 선룡선수가 우선으로 돌아감을 여러 곳에서 피력
한 바와 같다.

⑷ 전순의 손상

전순이 손상된 것으로 확인되는데, 이는 봉분이 밑으로 처
져 있음으로 인해 보이지 않는 우를 범한 것으로 이해된다.
정혈이 되었다면 전순은 보여야 하는 데에 반해 보이지 않기
때문이다. 이러한 피해는 상혈의 원인이 되며 물길의 영향
에도 그에 따른 피해가 예상된다. 전순이 두껍게 보여야 확
인이 쉬운 데에 비해 이러한 것이 보이지 않기 때문이다.

⑸ 엉망인 물길

언급한 바와 같이 봉분의 상혈로 물길이 엉망이다. 물길
이 엉망이면 전순은 깨어진다. 전순이 깨어지면 기운이 샌
다. 기운이 새면 제 역할은 공염불이고 손해가 많이 난다.
이처럼 전순의 손상은 그에 다른 피해가 증가하는 것으로
정혈의 중요성을 알려 주는 단초가 된다.

⑹ 손해가 많은 버려진 상혈

앞에 언급한 바와 같이 상혈은 전순 가까이 봉분이 설치
되는 것이다. 이 같은 경우 혈의 피해가 우려되며 물길도 훼

손된다. 따라서 이에 대한 피해 정도는 커져 문제가 될 것이다. 장사 시 혈증의 요소를 바르게 확인해야 되는 지름길이 이곳에서 보인다.

⑺ 시멘트로 완성된 오래된 봉분

봉분이 시멘트로 되어 있다. 꽤나 오래된 묘지이지만 그 당시 시멘트로 봉분의 둘레석을 했다는 것은 대단하다. 돈이 없으면 불가능한 처사이다. 돈의 여유가 있기 때문에 이러한 방법을 선택한 것으로 보인다. 전 대통령의 큰 기와집이나 마을의 세를 놓고 보아도 돈의 여유가 있었음을 간접적으로 이해할 수 있다.

⑻ 돈이 먼저

앞에서 언급하였지만 이 집안의 선대는 귀보다는 돈이 먼저 이루어진 것으로 이해된다. 그다음에 조부의 영향으로 귀가 달성된 것으로 생각되는데 참으로 묘하다. 부가 오고 귀가 들어와 이루어진 집안으로 보이는 풍수적 해석의 방법이다.

⑼ 견취

[그림 4]에서 ①은 입수이며 ②는 지금의 묘지이다. ③은

혈이고 ④는 우선익으로 우각사의 모양이다. ⑤는 좌선익이며 ⑥은 물길이다. ⑦은 전순이고 ⑧은 연익으로 시울이 보이며 ⑨는 우측의 시울로 좌측보다 크다. ⑩은 ⑨와 같은 시울이다.

[그림 4] **증조부의 묘지 견치도**

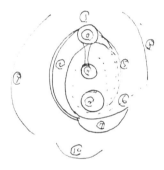

◈ 노태우 대통령의 생가와 조상 묘지

노태우 대통령의 생가는 대구 동구 신용동 용진길 172번지에 있다. 조상의 묘지는 4군데에 산재되어 있다. 부모의 묘지는 쌍분으로 생가에서 위쪽으로 올라가면 '팔공산도로'가 있는데 여기에서 길 오르막이 아닌 내리막으로 내려가는 방향으로 직진하여 2㎞ 정도 가면 우측에 '송정농원'이 있다. 여기에서 우회전하여 1㎞ 진입하면 '다민지꽃농산'이 나오는데 이곳이 대통령 부모의 자리이다.

조부모는 쌍분으로 생가 뒤편 능선으로 걸어서 5분 거리에 있다. 증조부모는 합분으로, 생가에서 팔공산도로로 가면 오르막으로 진입하자마자 길 건너에 '별궁전' 식당이 보인다. 그 골짜기로 100m 정도 올라가면 식당의 뒤편 소능선 산에 있다. 이곳에는 5대, 6대의 조상묘지가 합분으로 되어 있다. 증조의 자리로 진입하는 초입에 있어 확인이 쉽다. 6대는 합분으로 세해(世海) 내외는 위에, 양채(良采) 내외 5대는 합분으로 아래에 있다.

능선을 따라 50m 정도 더 올라가다가 우측으로 진입하면 묘지 2기가 보인다. 끝에 위치한 묘지가 증조이며 주변이 암석으로 되어 있는데 이 암을 보고 장사한 것으로 보이며 자리가 좋다고 하는 술사들이 많다. 고조의 묘지는 생가에서 '팔공산도로'로 진입해서 내리막(부모의 묘지 방향)으로 내려가면 만나는 주차장이 있다. 이곳에 주차를 하고 재차 가는 방향으로 100m 정도 진입하면 한전의 전주(no 235)가 나타난다. 이 전주에서 우측 계곡으로 진입하면 입구에 남원 양씨 묘지가 있다. 여기에서 250m 정도 더 올라가면 이씨들의 집묘를 한 묘지가 있다. 제일 위의 묘지에서 좌측으로 개

울 건너 능선에 있는데 할아버지의 이름이 응규(應奎)이다.[28]

이상의 대상에서 생가와 부모와 고조 그리고 6대조의 묘지가 주목된다.

1) 생가

이 집은 대통령이 나고 자란 곳으로 'ㄱ' 자 집이다. 안방과 사랑방 그리고 작은방이 있으며 이 방에 어머니가 거주했다고 한다. 아마도 대통령이 이 방에서 탄생되고 자란 것으로 이해된다. 집 주변을 살펴보면 대부분 암석으로 박혀 있거나 돌담으로 활용되어 있다.

집 앞 안산은 一 문성의 토산으로 되어 있고 그곳을 바라보고 있다. 이 집의 뒤쪽에는 마을 주민의 집이 있는데, 근래에 외지에서 들어와 지어진 집으로 판단된다. 아마도 대통령의 탄생으로 기운이 세다는 나름의 풍수적인 식견으로 집을 건축한 것으로 이해되지만 한편으로는 한심하다는 생각이 든다. 혈은 곳곳에 산재해 있는 것이 아니기 때문이다. 이처럼 너무나 좁은 풍수 상식은 금물이다.

---

28 생가의 동네에 거주하는 주민으로 현직 통장을 하고 있으며, 대통령의 5촌 친척이다. 필자도 부모에서 증조의 묘지는 잘 알고 있었으나, 2020년 9월 27일 일요일 생가 방문에서 위와 같은 내용에 대해 문답했다.

(1) 용맥 확인

집 뒤를 돌아보기 위해 뒷집에 이르러 올라가다 보면 지표면이 나타난다. 이곳에서 물이 갈라진다. 우측의 물은 생가의 우측으로, 좌측의 물은 좌측으로 확연히 나누어진다. 이것이 집 뒤 소나무가 보이는 능선으로부터 진입하는 맥선이다. 집 뒤의 집에서 뒤편으로 가면 밭으로 훼손이 되어 있지만 맥로의 윤곽은 비교적 뚜렷하다. 맥선이 살아 있는 맥로가 대통령의 집으로 용진함이 분명하게 나타난다. 이러한 선룡이 전두환 대통령이나 윤보선 대통령, 김영삼 대통령의 생가에서 보는 선룡과 동일한 것으로, 모두 좌선이다. 이처럼 좌선은 귀를 관장하는 요소가 된다는 특징이 발견된다.

(2) 입수의 암석들

주 건물의 뒤꼍을 돌아보면 석맥들이 열을 지어 내려오는 것이 보인다. 중앙의 석맥을 기준으로 나누어 좌측의 석맥은 마당으로, 우측의 석맥은 뒤꼍의 담장으로 진행된다. 그 중앙이 안방 마루 다음의 건넌방(태어나 성장한 곳)으로 통과된다. 아마도 이 돌이 입수인 듯하다. [그림 1]에서 조약돌 모양이 암석이다. 풍수 고전[29]의 와혈과 흡사하게 생긴 모양

---

29 원수정, 『지리담자록』.

이 특이하다. 마치 이 모양이 우측 혈상과도 닮았다.[30]

[그림 1] **암석**(조약돌 모양)

⑶ 암석으로 이루어진 전순

생가와 도로 겸용 주차장으로 사용하는 중간의 담벽은 여러 개의 암으로 구성됐다.[31] 울타리의 하단부는 아스팔트 포장에 의해 묻힌 암석들이 여기저기에 보인다. 유심히 살피면 지금도 확인이 가능하다.

⑷ 집 좌향의 의문

지금의 집 좌향은 앞산의 일자문성이다. 용맥의 진입이나

---

30 이재영, 『혈 인자수지』, 책과나무, 2020, pp.216-218.
31 울타리의 중앙에는 지금도 느티나무가 서 있다. 그 방향이 묘하게도 5촌 친척이 살고 있는 방향이다.

선룡의 좌선, 입수의 형태, 전순의 존재 등을 놓고 보면 좌향은 도로와 주차장을 보고 놓아야 올바른 좌향이 된다. 대지의 생김새를 보아도 마찬가지로 도로를 보고 놓는 것이 지금보다 더 슬기롭다. 이러한 이유는 앞의 산을 보아도 같다. 친척(대통령의 5촌으로 정문 건너있는 집)이 살고 있는 곳의 방향은 둥근 형태로 궁수의 물길이며 그 모양이 금형으로 좋다. 이러한 방향으로 집이 앉게 되었으면 보다 더 좋은 길(吉)이 되었을 것으로 예상된다. 개선이 가능하다면 이러한 내용으로 재건되었으면 한다.

⑸ 진입로의 문제

집의 좌향을 토대로 한 것이기 때문에 지금의 진입로가 됐다. 하지만 개선의 여지가 있다면 진입로는 장독대가 있는 곳으로 변경함이 좋을 듯하다. 가장 큰 이유는 좌선룡에 의한 산맥의 움직임과 물길의 자연성을 분별하면 이해될 것이다.

⑹ 물에 의한 재물의 낭비

지금의 생가는 물의 좋은 영향을 받기에 곤란하게 되어 있다. 집의 우측에서 돌면서 흘러 내려가지만 거수가 되지 않는다. 집 뒤편에서 오는 물길을 받아 주어 그 물을 활용하는 방법의 물이어야 길수가 되는데, 이 물이 그냥 흘러가는 경향이 된다. 방향을 90° 틀면([그림 2]의 견취도상 우측 그림) 거수가 되는데, 그 거수는 이렇게 생각할 수 있다. 논바닥이 말라 거북 등처럼 한창 가물 때 물이 들어오는 소리는 농민이 아닌 입장에서도 반갑기 그지없다. 거수의 목적이 이러한 물이다. 물은 수관재물(水管財物)로 지금의 건물로는 질적인 문제가 대두된다.

따라서 기회가 된다면 물의 거수뿐만 아니라 혈증을 활용하는 차원에서도 좌향을 우측으로 90도 더 틀면 2중적인 효과가 배가될 것으로 보인다.

⑺ 자연향의 문제

생가는 햇빛을 바라보는 남향의 상대향으로 좌향이 선정됐다. 용맥도 입혈도 전순도 무시한 채 좌향만을 고집한 집의 좌향의 배치가 문제이다. 이는 상대향에 의한 배치로 생각된다. 앞에 있는 일자문성에 의미를 부여한 상대적인 개념의 향을 선택한 것이 자연향과는 거리가 멀도록 한 것이다. 이는 자연을 무시한 처사이며 백분율이 떨어지게 하는 가장 큰 문제이다. 그에 대한 자세한 내용은 다음 ⑻의 생가 설명에서 대신하겠다.

⑻ 배산임수의 의미

노태우 대통령의 생가는 크지 않게 잘 지어졌으며 앞의
일자문성이 좋다고 다들 애기한다. 이러한 설명이 배산임
수이다.[32] 그러나 본 건물의 뒤(後)가 오른쪽 골짜기의 물줄
기이다. 앞만 보면 안산이 좋아 그럴 듯하지만 뒤가 엉망이
다. 이는 배산임수가 아니며 될 수가 없다. 배치가 이렇게
되는데도 배산으로 분석하는 것은 한계가 따른다. 그럼에도
불구하고 집에 대한 풍수 논리에 대한 분석은 긍정적이다.

⑼ 생가의 설명

[그림 2]에서 ①은 안방이고 ②는 부의 방이며 ③은 안산
이고 ④는 장독대이다. ⑤는 입혈맥이고 ⑥은 울타리이며
⑦은 진입로이며 ⑧은 용맥의 선룡으로 좌선이다.

①의 안방에서는 ③을 바라보고 있다. ①은 좌가 되고 ③
은 향이 된다. ⑤는 입혈맥으로 3개의 암석으로 박혀 있으
며 석렬(石列)을 이루면서 내려오고 있다. ⑥은 울타리로,
울타리 하단부는 암석으로 박혀 있다. ⑦은 진입로이며 여
기에서도 암석으로 이루어져 있다. ⑦과 ⑥은 맥이 연결된

---

32 권창근, 「대통령 생가에 관한 풍수지리적 고찰」, 영남대학교환경보건대학원,
2009, p.112.

것으로 보인다.

이러한 배치는 뭔가 어색하다. 첫째는 ⑧을 통과한 맥이 ⑤로 연결되어 3열을 지어 개장과 천심을 한 것으로 보인다. 그렇게 보면 중앙의 맥은 입혈맥이 되고 좌측과 우측의 열은 좌우 선익이 된다.

두 번째로 진입로 ⑦과 울타리 ⑥은 암석으로 지표면에 노출되어 있다. 이는 선룡이 좌선임을 알리는 증표로, 암석의 연결이 시울로 둥글게 되어 있다. 즉, 좌선익과 ⑥은 연결되어 있고 그 ⑥이 전순에 해당되는데 지표면을 보고 생각해 보면 이해된다. 이러한 논리로 볼 때, 앞을 보는 ③의 안산은 될 수가 없다. 따라서 지금의 좌향보다는 우측의 견취도가 보다 더 어울린다.

⑥은 시울이 보인다. 그를 더 자세히 설명하면 우측의 견취도상 ⑥이 안산이 된다. ⑥은 앞의 견취도상 울타리가 아니고 5촌 친척이 사는 집의 뒤편 산이다. 이 산의 형태가 활과 같은 궁형의 모양으로 좋다. 이러한 배치는 아주 자연스럽고 바라보는 안산의 거리나 높낮이가 높지 않아 적당하다. 안산의 높이가 1이라면 거리는 3 정도로 경사각이 18°

정도의 앙각으로 보기도 편하다.[33] 기회가 된다면 우측의 견취도로 방향을 90° 틀어 놓는 것도 생각해 보면 좋을 듯하다. 당초보단 응기나 응축 등이 좋아 기운이 한층 더 많을 것으로 예상된다.

견취도는 혈상과 닮았다. 와혈처럼 생긴 혈상으로 혈증이 좌측처럼 생겼다. 이는 우측의 혈상도와 유사하다. 이러한 형태는 와혈로 전후좌우가 바른 정와이면서 깊이가 깊은 심와로 판단된다.

따라서 노태우 대통령의 생가는 정와이면서 심와인 와혈로 보인다. 통상 집에서는 혈상이 보이지 않는 것이 일반적이나, 이곳에서는 혈상이 나타난다. 아마도 유일한 곳이 아닌가 하는 생각이 드는 곳이다.

[그림 2] **노태우 대통령의 생가 견취도**

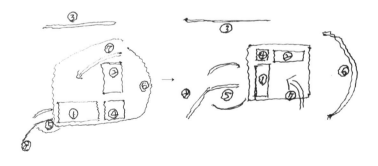

―

33 d/h비를 나타낸 것으로 높이에 대한 거리의 비율이다.

대통령, 풍수 穴로 말하다

2) 부모의 묘지

이 자리는 일반 민묘와 아주 유사하다. 그러나 분석하면 분석할수록 긍정적인 특징이 나타난다.

(1) 물길의 4중성

묘지에 다다르면 포장으로 된 주차장이 있다. 이곳에서 물길을 보면 곧장 빠져나가야 하는데 나가지 못한다. 강아지나 닭들에게 모이를 주기 위해 부르면 짐승들이 모여든다. 마치 이러한 모양새가 이곳의 물길 모양이다. 일반적인 산간의 물은 나가는 것이 대부분이다. 그러나 이곳의 물길은 쉽게 빠져나가지 못한다. 그것도 하나가 아닌 4개의 거듭된 물길로, 아주 특이한 역순의 물길이다. 묘지에서 보는 물길인데 유심히 보지 않으면 대수롭지 않게 분석되니, 지표면을 세세하게 분석하는 지혜가 필요하다. 앞의 산 일부가 훼손되어 보기 어렵지만 자세히 분석하면 물은 쉽게 빠져나가지 않는다. 아주 재미있는 곳으로 다음과 같은 길적인 요소가 많다.

(2) 'j' 자의 마무리

4개로 나가는 물길을 이해하면 'j' 자의 능선이 이해될 것이다. 골짜기를 벗어난 높은 곳의 맥은 능선이기 때문이다.

이 능선이 'j' 자의 맥으로 3개나 있다. 제일 앞쪽의 'j' 자가 전순이며 참으로 묘한 곳으로 보기에도 일품이다.

⑶ 선룡이 좌선

선룡은 좌선으로 나가는 물길임을 앞에서 언급한 것과 같이 좌선의 맥과 물이다. 좌선은 귀를 주관한다. 대통령은 부보다는 귀가 우선이다. 아마도 이러한 형태가 간접적으로 대통령과도 연관성이 있을 것으로 본다.

⑷ 연익의 형태

물의 피해를 줄이기 위해 물 도랑을 판 흔적이 나타난다. 쉽게 보면 그것으로 판단되나 유심히 보면 그로 인한 것이 아님을 알 수 있다. 나무 사이로 높지 않은 둥근 형태의 사가 존재하는데, 이것이 연익이다. 연익이 있으면 선익이 있다. 그런데 이곳에는 선익이 보이지 않는다. 묘역의 규모가 너무 크며 훼손으로 인해 보이지 않으므로 개선의 여지가 있다.

⑸ 많은 훼손으로 혈장의 파괴

본 묘지는 쌍분으로 되어 있으며 묘역이 상당히 크다. 혈장을 벗어난 곳으로 혈증이 잘 나타나지도 않는다. 다만 보이는 것은 일부분이다. 'j' 자 전순과 연익과 물길 등이다. 그 중에서도 묘지 앞부분의 물길이 4개로 봉분을 중심으로 안으로 굽어져 있다는 것이 그나마 다행으로 물길은 분명하다.

⑹ 시울

좌선익은 보이지 않지만 좌측의 연익은 돌아가는 시울이 있어 잘 보이는 편이다. 특히 이곳의 물은 4중으로 돌아가는 형태로 완전히 'j' 자가 되는데 시울이 가장 많이 보이는 곳이다.

⑺ 현장 설명

견취도상 ①은 쌍분이다. ②는 분명하게 나타나는 것은 아니지만 연익으로 판단되며 묘역이 크게 형성되어 혈증이 나타나지는 않는다. ③은 자연적인 웅덩이의 샘이다. ④는 첫 번째 물길이다. 완전한 'j' 자의 형태이다. ⑤, ⑥, ⑦ 모두 'j' 자 물길로 그 형태가 봉분을 향해 마무리된 궁수의 형태이다. 묘한 물길로 보기가 좋다. 물길 ④, ⑤, ⑥, ⑦의 중간에는 미세한 사(砂)가 있다. 이러한 미사가 첩첩이다.

용맥의 마무리는 이곳의 물길 안에서 이루어졌으며 물길은 인위적이지 않고 자연이다. 대통령 부모의 자리가 길지임을 간접적으로 나타낸 가장 중요한 특징 중의 하나로 평가된다. 이러한 여러 정황을 놓고 볼 때 우측의 모양과 같은 혈상인 듯하다. 혈상은 와혈이다. 와혈의 종류는 전후좌우가 균등한 정와이며 좌우 선익이 나타나지 않는 것으로 보아 천와로 생각된다.

[그림 2] **노태우 대통령 부모의 묘지 견취도**

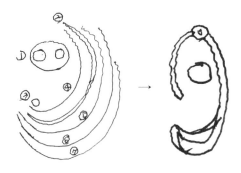

3) 고조부모의 묘지

⑴ 2중의 전순

규모가 큰 전순은 아니지만 전순이 분명하게 나타나는데, 2중으로 겹쳐진 지형지물이 나타난다. 그것이 전순으로 좋다. 겹겹으로 이루어진 전순에는 관성이 존재한다. 더덕더덕 붙은 소규모의 암석들이 즐비한데, 이는 4성의 하나인 금성이다. 금성은 특정되어 있지 않은 하표의 모양이다. 하표는 물가의 한가운데로 나간다. 하표가 있으면 물이 쉽게 나가지 못하는 역할이 된다. 그 역할을 하는 것이 암석으로 되어 있어 단단하며 견고하게 생겨 좋다.

(2) 3성의 존재

관성은 2중으로 된 전순에 암석으로 붙어 있다. 귀성은 입수 부근에서 좌우측에 존치되어 있으며 요성은 좌측과 우측에 암으로 되어 있다. 우측에는 2개가, 좌측에는 1개가 존재한다. 전순의 하단부에는 여러 암석들이 산재되어 있어 보기 좋다.

(3) 분명한 선룡

입수에는 선룡이 분명하지 않다. 훼손으로 잘 보이지는 않지만 전순에는 우선으로 마무리가 됐다. 우측의 요성이 이를 증명하기도 한다. 선룡이 우선으로, 선수도 우선이 되지만 전순의 안에서 물길이 만들어져 나가는 형상으로 좋다.

(4) 1분합의 물길

상분은 물이 흩어지나 하합은 좋다. 상분이 분명하지 않은 반면에 하합은 일품이다. 2중으로 된 전순으로 물길도 2중으로 나가는데 길수가 되어 아주 좋다.

⑸ 드높은 나무들

묘지의 주변이 어둡다. 전후좌우의 나무들로 인해 해가 들어오지 못해서 묘지 주변이 양명하지를 못하므로 나무를 베어 해가 들어오도록 해야 한다. 키가 큰 나무들로 인해 해가 들어오지 못하므로 빠른 시간 내 주변의 나무를 제거해야 햇빛이 든다. 또한 키가 큰 나무는 바람이 불면 휘청거리거나 부러져 절단되는데, 이러할 경우 봉분을 때릴 가능성이 농후하다. 이렇게 되면 땅속에 있는 시신은 놀라게 될 것이며, 좋을 것이 없으므로 조속한 시일 내 나무가 빨리 제거되기를 기대하는 마음 간절하다.

⑹ 묘지의 관리

혈증인 6악의 이해가 필요하다. 기본적인 이해의 부족은 묘지 관리를 흉으로 가게 한다. 아무리 조건이 되는 혈이지만 관리가 엉망이면 문제가 된다. 이 자리에는 입수 등 혈증이 있는 곳임에도 불구하고 관리의 미흡으로 입수 부분이 망가졌다. 벌초를 한 곳으로 지표면이 잘 보인다. 기회가 된다면 입수 주변의 정리가 필요하다.

⑺ 불필요한 석축

전순과 봉분의 중간 지점에 석축이 되어 있다. 예를 올리기 위한 방편인 것 같다. 하지만 이러한 평탄 작업이 없어도 예를 표하는 데는 문제가 없다. 불필요한 석축은 혈장을 좋게 하는 것이 아니라 역행하는 것이 되므로 삼가는 것이 좋다. 이는 자연(自然)을 부자연(不自然)으로 하는 것이 되므로 가능하면 자연 그대로 보호하는 것이 일반적이다.

⑧ 견취도 설명

[그림 3]에서 ①은 봉분이고 ②는 전순이며 2중으로 되어 있으며 조금 밑에 ③이 있다. ②와 ③의 2중 전순은 돌아감이 완전한 시울의 형태로 좋다. ④는 우측의 요성들이며 선룡이 우선임을 증명하는 사들이다. ⑤는 좌측의 요성이다.

이상과 같은 혈증을 취합하면 와혈로 판단된다. 와혈의 분류는 종선의 전후가 긴 형태로 보여 협와로 분석되며 선익이 보이지 않아 그에 다른 높낮이는 높지 않으므로 천와로 판단된다. 따라서 이 자리는 협와인 동시에 천와의 와혈로 분석된다.

[그림 3] **노태우 대통령 고조부모의 묘지 견취도**

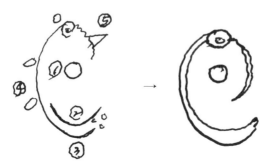

4) 선조 세해(世海)의 묘지

이 묘지는 대통령의 5대 조상으로 추정되나 분명하지가 않다. 아래의 묘지가 자식으로 부자지간으로 대통령의 혈족이 많은 묘역으로 되어 있으며 혈증이 있어 풍수 연구 차원에서 조사 범위에 포함했다.

⑴ 분명한 선룡

선룡이 거의 균형 있게 이루어져 있으나 구분이 쉽지는 않다. 그러나 전순의 하단부를 보면 금방 이해가 된다. 입수에서는 좌측으로 시작하여 전순에선 우측에서 멈추었기 때문이다. 선룡이 좌선이다. 선룡의 틀어짐도 크지 않고 편맥의 흐름도 좌우가 엇비슷하다. 보기가 어렵다고 하는 이유이다. 전순을 유심히 보면 분명하게 들어가는 선룡으로 좌선이 맞다.

⑵ 통통한 전순

올라가면서 보면 그 통통함이 확실히 드러나며 뚝 떨어져 있다. 튼실한 지표면이 그를 말해 준다. 상위의 입술이 유심히 드러난다. 그야말로 일품이라 말할 수 있는 곳이다. 좌우의 맥이 크지 않아 그런지 아주 우량아처럼 생긴 전순으로 보기가 좋다.

⑶ 요성의 존치

3성의 하나인 요성이 있는데 봉분의 좌측에 있는 둔덕이
다. 둔덕의 모양이 파조이다. 요성은 선익을 보강하는 힘이
있다. 선익의 역량을 배가시켜 다량의 요성은 혈에게 강한
조짐을 응해 주며 3성을 갖춘 곳으로 좋다.

⑷ 크지 않는 혈

맥선의 흐름 폭이 크지 않다. 좌우의 맥이 서서 가는 입
맥으로 평맥보단 좁다. 이에 비해 성상은 올바르다. 평맥은
부드러운 성상이 되나 입맥은 강한 능선의 의미가 있다. 이
에 따라 혈의 크기는 1평(3.3㎡) 이하로 작다. 규모가 1평 미
만으로 작지만 합분을 한 것으로 판단되어 그 당시 지관·
지사의 기술적인 문제가 들어가 있는 곳으로 생각된다. 보
통의 지관·지사는 작은 자리라 하여 버리는 것이 일반적인
데 비해 이러한 자리를 선택하여 장사한 지관·지사의 능력
이 대단하다는 생각이 든다. 누구든 한 번쯤 가 볼 만한 곳
으로 연구적 가치가 있는 곳이다.

⑸ 진입로 문제

그런데 문제는 진입로이다. 진입은 힘이 가해지지 않는
곳으로 다니는 것이 좋다. 그런데 이곳은 전순을 관통하며

봉분 옆으로 다니는 등산길이다. 묘역 주변의 진입은 혈장에 영향을 끼치지 않는 곳으로 다녀야 하는데, 이곳에는 전순을 밟거나 관통하며 봉분 옆으로 가는 등산길이 되어 있다. 기회가 된다면 이 길의 방향을 돌려주어 묘역에 피해가 가지 않도록 하는 것이 현명한 방법이다.

⑹ 견취도 설명

[그림 4]에서 ①은 전순이다. 아주 통통한 형태로 우량아 모양으로 좋다. 튼실하고 뭉개짐이 없어 좋다. ②는 좌측의 요성이며 ③은 묘지로 올라오는 진입로이다. ②와 ③으로 연결된 좌선룡으로 되어 있어 비교적 혈증이 뚜렷하다. 특히 전순 ①과 좌측의 요성 ②가 있어 좋다. 이 자리의 혈상은 우측과 유사하다. 우측의 견취도는 와혈이며 종선의 길이가 긴 협와로 보이고 깊이는 얕은 천와로 판단된다.

따라서 협와인 동시에 천와의 와혈 명당이다. 좌선룡으로 이루어져 계선으로의 발달이 있었을 것으로 예상된다. 대통령의 형제가 9남매로 대단히 많다.[34] 아마도 이 자리의 기운이 신비롭게 나타나는 혈증이 아닌가 생각된다.

---

34   이들 9남매는 백자천손(百子千孫)이다. 부모 밑에 10남매를 말하는 손(孫)의 뜻이다.

[그림 4] 노태우 대통령 선조부모의 묘지 견취도

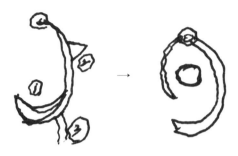

◆ 김영삼 대통령의 조상 묘지와 집

김영삼 대통령의 생가와 조상 묘지는 마을 주변에 산재해 있다. 생가는 경상남도 거제시 장목면 외포리 1383-3번지에 위치한다. 부모(김홍조+밀양박씨)의 묘지는 외포리 산 206-3번지로 생가 건너편 좌측 바닷가에 접해 있다.

조부모(김동욱+박우선)의 묘지는 외포리 산 189-16(내비 1332)번지 도로 위에 있다. 생가에서 향으로 직선거리 50m 정도에 위치한다. 증조부(김수열)의 묘지는 외포리 산 205-2번지로 부모의 묘지 속 청룡 줄기에 있다. 아주 가까운 청룡 줄기로 40m 정도의 거리로 부모의 묘지 속기에서 청룡 줄기의 속가지에 있다.

증조모(숙부인밀양박씨지묘)의 묘지는 외포리 산 1216번지로 내비는 1218-1에 주차하면 된다. 포구의 바닷가에서 30m 후퇴하면 산으로 올라가는 길이 나타난다. 길을 따라 40m 정도 더 올라가면 있다. 고조부모(김승국+추계추씨)는 외포리 산 181-9번지로 생가 뒤편 소공원 뒤에 있다.

이들 중에서 생가와 부모, 고조부모의 묘지가 주목된다.

1) 생가

(1) 맥선의 아래에 위치

김영삼 전 대통령의 생가는 맥이 들어가는 곳에 위치한다. 옆집의 뒤가 높다. 이곳에서 좌선으로 비스듬하게 대통령의 생가로 들어가는 능선이다. 이 맥은 좌선을 하면서 내려가는 집 앞의 물을 막아 준다. 집 안의 우물 있는 곳이 조금 낮게 형성되어 있는데, 맥의 중심인 맥을 향해 밀어준다. 우물이 있다면 물이 있는 골짜기가 된다. 골짜기보다 본 건물의 중심은 1촌 높다. 이것이 맥선에 의한 중심이 된다. 이처럼 생가는 맥이 살아 있는 곳의 약간 높은 곳에 위치해 있으며 물도 좌우로 분산시키는 역할을 한다.

(2) 선룡이 좌선

앞에서도 언급하였지만 맥선의 흐름이 좌선으로 이루어져

있다. 건물을 보면 좌선이 유리한데 이러한 조건이 된다. 만약에 우선이 되었다면 좌측의 아주 미미한 골짜기의 물을 얻는 득수여야 하는 데 비해 좌선은 집 앞의 비교적 큰물을 받아먹는 결과가 좋다. 이러한 물이 수관재물의 뜻이 되기도 하지만, 좌선은 돈보다는 벼슬과의 연관성이 앞서므로 돈과의 연결성보다는 귀에 의한 풍수적 해석이 앞선다고 본다.

(3) 비밀이 숨어 있는 좌향

김영삼 대통령 서거 5주년 기념 행사일이 관산하는 날이었다. 떡도 얻어먹고 커피도 먹었다. 비가 간간이 와서 행사를 하는 동안 해는 볼 수 없었지만, 집 안을 분석하는 데는 무리가 따르지 않았다. 올라가는 계단이 높아 집 앞 뜰에서 마무리가 되는 듯 보였다. 하지만 하나의 비밀이 발견됐다. 바로 건물 좌향의 논리가 숨어 있었다는 것이다. 이러한 건물 배치는 필자가 두 번째로 보는 건물로, 전두환 대통령 생가와 같은 의미가 있는 곳이다. 여러 차례 관산을 다녀보았지만 이러한 건물 배치를 발견하지는 못했다.

물이 들어오는 곳을 벽돌 2개 정도 뒤쪽으로 밀어내는 방식이다. 이는 풍수상 고급 기술에 해당된다. 욕심을 내어 많이 밀어내면 사람들의 눈대중이 문제가 된다. 사람의 시각으로 보아 차이를 느끼지 못하는 정도상의 이해가 되어야 보기에도 좋다. 눈으로 봐서 시각적인 문제가 된다면 이는 잘못된 처방으로 이를 교묘하게 활용한 기술이다. 즉, 시각적인 느낌을 느끼지 못하게 하는 점, 또한 물의 거수에 대한 의미가 들어가야 한다는 원칙이 있어야만 가능하다. 대단히 중요한 요소로 의미가 부여된다. 집을 건축하는 경우에 이 방법이 활용되었으면 하는 마음 간절하다.

⑷ 3간에 의한 배치

이곳은 배산임수, 전조후고, 전착후관의 3간이 들어 있는 철학적 의미가 있는 곳이다. 제일 중요한 배산이 살아 있다. 뒤쪽의 맥이 들어온다는 사실이 이를 중요하게 뒷받침하는 내용이다. 맥의 진입은 앞에서 언급했듯이 곧바로 들어온다. 다음은 전저이다. 본 건물이 1단으로 되어 있지만 좌측의 건물보다 높다. 이것이 3·2·1공법이며 후고의 법칙이다. 그다음은 전착이다. 앞이 좁다. 대문도 그러하지만 좌측의 건물 앞이 앞으로 갈수록 좁아진다. 이가 전착이다.

이처럼 이곳에는 사람이 집을 건축하고 재축하면서 배산에 의한 임수가 되며, 중심 건물이 높도록 배치하는 전저후고의 법칙이 살아 있고, 앞이 좁아지는 쌀 포대의 모양처럼 전착후관이 되도록 하는 양택의 기술적인 건물의 배치가 되어 있다. 건축의 묘미가 살아 있는 곳으로, 전두환 대통령의 생가와 비교된다.

⑸ 굴뚝이 없는 구들의 설치

불을 이길 자는 없다. 즉, 불에 장사가 없다는 말로 불 속
엔 6렴이 존재할 수 없다. 불을 베고 자도록 하는 곳이 우리
나라의 구들이다. 그러한 구들이 이 집에 설치되어 있어 불
을 피운다는 것은 알 수 있으나 굴뚝이 보이지 않는다. 그러
나 굴뚝 역할이 주춧돌이 있는 곳곳에 아주 조그만 구멍으
로 되어 있다. 마치 전라남도 순창군의 '낙덕정' 정자처럼 굴
뚝이 없도록 설치되어 있는 것이다. 이는 겨울철에 불을 피
워 보는 재미가 쏠쏠할 것으로 예상된다.

구들은 벌레도 덤비지 못하도록 하는 역할이 있다. 건축
의 기둥 등 제목도 방부가 된다. 일석다조의 장점이 있는 집
이 이 집이다. 참으로 모범이 되는 구조의 구들로, 불을 피
우는 건축물이 이곳에 있다는 것이다. 이러한 구들은 렴을
이기는 구실이 되며 묘지인 혈도 6렴이 없는 이치와 같다.
구들이 살아 있는 묘한 풍수적 의미가 깃든 곳이다.

⑹ 멋진 안산

집 앞의 향은 도로가 지나가는 위쪽이 된다. 안산의 마지
막 근저가 안으로 굽어져 있다. 마치 아미사처럼 안을 궁해

주는 형태가 되며 집을 향해 응해 준다. 그림을 그리듯 둥글게 원을 그리는 형태가 되어 좋고, 그리 높지도 낮지도 않은 높이 1 : 거리 4의 기울기로 마루에서 보면 14° 정도가 되어 눈높이로 보는 기울기도 어울리며, 앉은 경사율이 책상이나 밥상의 높이가 되어 아주 좋다.

⑺ 견취

[그림 1]에서 ①은 주 건물이고 ②는 부속건물이다. ③은 우물이며 ④는 맥이 들어가는 맥선이다. ⑤는 집 앞의 물길이며 도로이고 ⑥은 대문이다. 이상의 배치처럼 3간의 기법이 들어 있다. ⑤의 물길은 시작이 되는 곳이다. 우에서 좌로 빠져 바닷가로 나간다. ③이 우물로 우측으로 되어 있으면 좋을 듯했다. 하지만 다 갖추어지지는 못한 흠이 있지만, 맥이 들어오고 3간이 된 집으로 길하게 판단되는 곳이다.

[그림 1] **김영삼 대통령의 생가**

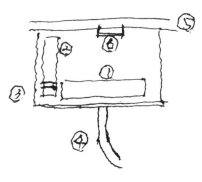

대통령, 풍수 穴로 말하다

2) 부모의 묘지

⑴ 쉽지 않은 선룡

관산자들은 선룡에 대해 의문이 많다. 좌선인지 우선인지를 구분하기가 쉽지 않다고 한다. 필자는 수십 차례 'j' 자 원리를 설명했지만 판단이 서질 않는 것 같다. 재차 'j' 자 원리를 설명하면서 선룡이 좌선이라면 우측에서 'j' 자의 끝이 있어야만 한다는 것을 주지시켰다. 하지만 잘되지 않는 것이 풍수 교육인 것 같아 반복해서 설명하곤 했다. 우측으로는 바다와 접해 있다. 가까이 가서 찾아보도록 한 결과가 확인됐다. 이게 선행학습이 아닌가 한다. 이처럼 선룡의 어려움은 항상 존재한다. 이러한 방법으로 재차 확인한바 부모의 묘지 선룡은 좌선임이 확실하다. 좌선은 귀로 분석해야 함을 여러 차례 언급했듯, 이곳에서도 이러한 선룡이 좌선으로서 해석이 같다.

⑵ 혈증

혈증의 분석은 어려웠다. 오륜의 설치, 쌍분, 진입로의 구성 등 훼손이 너무 심하고 많았다. 혈증의 훼손은 분석이나 이해를 어렵게 한다. 하지만 아무리 보기가 힘들다고 하여도 'j' 자와 선룡은 쉽게 분석된다. 이를 놓고 다시 검토해 보면 혈증의 분석이 해결된다. [그림 2]처럼 와혈로 분석되는데 훼손이 커 심와는 아닌 것으로 보여 천와로 분석되며, 전후좌우의 선익 길이가 균형되므로 정와로 보인다. 따라서 이 자리는 정와와 천와의 와혈 명당이다.

⑶ 뼈대가 드러난 근저

묘지의 반대쪽 바닷가에 가면 묘지의 앞부분이 노출되어 확연히 나타나 보인다. 바닷물로 씻겨 내려간 뼈대가 드러나기 때문이다. [그림 2]처럼 묘지의 앞은 좌선이다. 우측의 백호 줄기의 뼈대는 우선이다. 이러한 모양새는 좌선으로 마무리되었지만 백호의 뿌리가 우선으로 완전히 마무리되어 기운이 빠져나가지 못한다. 이러한 근저는 묘지의 봉분에서 멈춤을 암시한다. 산의 멈춤은 혈이 되고 자리가 되는 원리가 되는 이치는 바다나 육지의 산에서나 일치가 되는 현상이다.

⑷ 분금에 의한 좌향

물이 들어오는 쪽으로 틀어 났다. 향이 내륙 쪽으로 방향이 틀어졌다. 먼발치의 포구에서 보면 좌향이 확인된다. 똑바로 보이는 좌향이 아니라 물을 거수하는 좌향이 되기 때문이다. 아마도 지관·지사의 분금이 적용된 것으로 이해된다. 그러나 이러한 방법의 분금은 필자와는 배치되는 법칙

의 활용으로서 좋지 않다. 혈증을 확인하면 그렇게 좌향이
되지 못한다.

우리 얼굴을 놓고 분석해 보면 이해가 될 것이다. 주변에
있는 이마와 턱 그리고 좌우측의 광대뼈를 연결하면 코가 된
다. 이럴 경우에 우리 코를 움직여 성형할 수 있을까? 못한
다. 이러한 이치가 현장인 자연에 있다는 것이다. 이는 필자
의 주장이며 평생 동안 연구한 혈증의 저작이다. 이에 대한
반대급부적인 논리가 있다면 연락을 주면 달게 받겠다.

⑸ 진입로 사성 쌍봉 등의 훼손

훼손이 많다. 자연이 만들어진 혈은 자연 그대로 보존하는
것이 제대로 된 도리이다. 하지만 이곳에는 훼손이 너무나
많다. 이러한 처사는 백분율이 떨어진다. 기회가 된다면 훼
손된 곳을 자연에 가깝도록 복원하는 지혜가 있었으면 좋을
듯하다. 조상에게도, 후손에게도, 자연에게도 나쁜 것이 없
고 다 좋기 때문이다. 시정되었으면 하는 마음이 간절하다.

⑹ 관성에 의한 논리

입수가 되는 곳에 산길이 되어 있다. 이것이 선룡을 헷갈
리게 하는 장본인이 된다. 이곳이 훼손되지 않으면 선룡은
쉽게 분석되는데, 이곳의 영향으로 선룡의 분간이 어려워지

는 원인 제공자가 된 것이다. 이처럼 관성의 작용이 이곳에 해당되므로 입수 후의 맥도 소중하게 다루는 지혜가 있어야 할 것이다.

⑺ 수평으로 이루어진 혈장

봉분의 뒤와 앞의 종선이 거의 수평이다. 경사가 아니라서 안정감이 있다. 경사지는 안정감이 떨어지나 이곳은 평탄하고 전순이 붙어 있어 들려져 있으므로 안정감이 있다. 이러한 곳이 다른 곳에 비해 상당히 의미가 드높게 보인다.

⑻ 견취

[그림 2]에서 ①은 사성의 중심이고 ②는 상분이다. ③은 좌선에 의해 돌아가는 시울이고 ④는 전순으로 추증된다. ⑤는 전순 앞 바닷가의 뼈대이다. 좌선에 의한 선룡의 모습이 된다. ⑥은 우측의 시울이다. ⑦은 백호의 하단부 근저이며 바닷가에 접한 뼈대이다. 우선으로 마무리된 것이 확인된다. 백호의 뼈대가 전순 아래 ⑤의 뼈대를 감아 줌으로 인해 더 이상 진행을 하지 못하도록 되어 있어 참으로 안정적인 구조라 좋다. 바닷가에 위치한 묘지가 내륙에 있는 묘지와도 비교되지만 혈증의 분석은 차이가 없다. 이처럼 위와 같은 혈증의 분석으로 혈이 된다.

따라서 이러한 혈증에 의하면 와혈이 틀림없다. 이를 더
자세히 세분하면 천와와 정와의 와혈이 된다.

[그림 2] **김영삼 대통령의 부모 묘지**

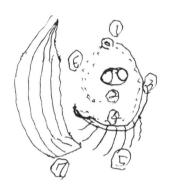

3) 고조부모의 묘지

⑴ 선룡이 우선

봉분의 우측이 높다. 이는 우선의 힘으로 돌아가는 선룡
으로 이해된다. 기운이 우선으로 귀(貴)보단 부(富)가 앞서
보인다. 김영삼 전 대통령의 부친이 멸치잡이 어선의 선주
인 것도 이러한 우선의 영향으로 일맥상통하게 해석이 되는
데 비해 좌선은 귀로 나타나기도 한다. 이처럼 고조에 대한
영향이 부가 앞서 있는 것으로 보임은 우연이 아닌 결과론
적인 답이 될 수는 있지만 사실이다. 고조부모와 부는 증조
간이 된다. 증조의 영향으로 부가 이루어진 것으로 생각된

다. 다만 분석론적인 내용이므로 오해의 여지는 있다.

(2) 잘 보이지 않는 맥

맥의 진입이 사실 궁금하다. 맥선의 확인이 쉽게 구분되지 않기 때문이다. 봉분 뒤를 올라가면 상분(上分)은 된다. 입혈맥이 있는 부분에는 물이 갈라진다. 좌측과 우측의 물이 양쪽으로 분산된다. 물의 구분은 1촌의 차이이다. 그리 높게 보이지는 않지만 물길이 다르게 흘러가면 물길이 갈라지는 징조가 된다. 갈라지는 경계가 입혈맥이 되기 때문이다. 이러한 방법으로 분석하면 맥은 구분되며, 그 맥선이 입혈맥이다.

(3) 훼손으로 망가진 혈증

봉분이 크고, 물길도 분명하지는 않다. 주변이 훼손으로 많이도 망가졌다. 이러한 여러 가지 상황으로 혈증이 잘 보이지 않는다. 다만 선룡이 우선으로 구분되고, 입혈이 되고, 전순이 도톰하게 이루어져 있고, 물이 갈라지는 지형이 되며 좌산이 굽어진다. 이러한 사유로 볼 때 혈은 존재한다고 추론된다. 따라서 [그림 3]과 같은 혈증은 있다고 생각된다.

(4) 1분합의 원리

이 자리는 상분이 분명하며 좌우로의 구분이 입혈이다. 입혈맥의 존재는 물을 갈라 주는 역할이 되면 맥이 있다고 보는데, 이곳에는 분수가 되므로 맥의 존재는 있다고 본다. 이게 상분이며, 상분이 된다 함은 물의 구분이 된다는 말이다. 이에 비해 하합은 물의 모임이며 그 형태는 길이 나 있는 농로가 된다. 따라서 이곳에는 분합이 정상적으로 이루어지게 된다. 상분과 하합이 되는 곳이 혈이다.

⑸ 더해진 4신사

이 자리는 혈이다. 혈이 된다면 좌측의 산은 청룡이 된다. 이 청룡은 들어오는 산이 되어 얻어짐이 크다. 따라서 혈증이 있는 곳으로 청룡도 좋고 더불어 백호는 우측이 되므로 양쪽 다 좋다. 물의 빠짐이 좌측으로 통과됨에 따라 우측보단 좌측의 산이 잘생겨야 좋은데, 그 모양이 들어오는 형태가 되므로 아주 길한 모습의 사신사이다.

⑹ 과분한 봉분

봉분이 너무 크다. 혈의 크기가 작은 데 비해 지금의 봉분이 크므로 물길을 침범할 우려가 있다. 따라서 큰 봉분의 사용은 지양되어야 하며 혈의 크기를 이해한 봉분이 되어야 히는데, 의미는 퇴색되어 온데간데없으므로 이러한 장사 방법은 시정되어야 할 것이다.

⑺ 견취

[그림 3]에서 ①은 상분이 되는 곳이며 입혈맥 상부이다. ②는 봉분이다. ③은 우선익의 일부분으로 근접된 안쪽은 물길이다. ④는 전순으로 판단된다. 다만 농사를 짓는 작은 농로로 보여 구분이 쉽지 않다. ⑤는 좌측의 물길이다. ⑥은 좌측의 산줄기이다. 혈로 판단이 되기 때문에 청룡이 되며 안으로 굽어져 있어 좋게 분석된다.

[그림 3] **김영삼 대통령의 고조부모 묘지**

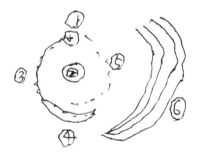

◈ 김대중 대통령의 조상 묘지

김대중 대통령은 고난의 세월을 보낸 대통령으로 평가된

다. 5번의 죽음을 넘나들면서 노벨 평화상을 수상한 우리나라의 유일한 대통령이다. 김대중 대통령의 문중 묘지는 여러 곳에 있다. 대부분 쌍분으로 구성되었거나 집단적으로 되어 있다. 문중의 묘지 대부분은 전라남도 신안군 하의면 대리 산 40번지에 위치하며, 5대조인 김경선의 묘지도 위와 같은 곳에 있고, 고조부인 김익조와 모친인 완산 김씨의 묘지도 5대조와 같은 곳에 있다.

고조모인 단양 우씨는 후광리 152번지에 있다. 증조인 김태현의 묘는 쌍분으로 대리 산 4번지에 있다. 조부 김재호는 후광리 산 337번지에 있고 조모 인동장씨는 대리 산 29번지에 있다. 조모 우측 옆에는 부친의 묘지가 있었으나 경기도 용인으로 이장되어 지금은 비어 있다. 김대중 대통령의 부모 자리는 경기도 용인시 이동면 묘봉리 115-1번지에 합분으로 되어 있다. 생가는 후광리 121번지에 있다.

이들 묘지 중 조모의 자리와 이장한 경기도 묘봉리 부모의 자리가 주목된다.

1) 부모의 묘지

이 자리는 하의도에서 이장한 곳으로, 고 손석우 옹이 선택한 곳이란 설이 있는데 자세하게는 알 바가 없다.

⑴ 분명한 'j' 자의 원리

이 묘지에는 'j' 자의 형태가 있는 곳으로 우측에 골짜기가 형성되어 있으며 이로 인해 물은 자연스럽게 산 위쪽으로 흐르는데 그 형태가 'j' 자이다. 일반적인 산의 형태와는 다른 반대쪽으로 흐르는 물길이 되며, 흐름이 인공이 아닌 자연에 의한 것으로 묘한 기운이 주어진 듯하다. 이러한 자연적 이치는 산의 흐름을 제어하는 기능이 되기도 하는 곳에 묘지가 있다.

⑵ 선룡선수가 좌선

'j' 자가 형성된 골짜기가 선룡과 선수가 되는데, 이러한 선룡과 선수가 좌선으로 돌아간다. 우선에 비해 좌선이 대통령의 직분과도 의미가 통한다. 대통령은 부의 가치보단 귀의 가치가 먼저이기 때문에 귀를 주장하는 측에서는 좌선을 선호한다. 이곳이 그러한 곳으로 좌선룡에 좌선수가 된다는 점이 참 묘하다.

⑶ 자연의 이치에 의한 역수

앞에서 언급한 것처럼 'j' 자가 되면 물은 자연스럽게 역수가 된다. 역수는 순수와는 대치되는 용어로서 이치적으로 역수가 좋다는 것이 풍수상 일반적으로 일치된 견해이다.

이러한 견해는 혈이 된다는 의미에서도 일치된다. 또한 산 따라 흘러가는 물이 대부분 산에서의 형태이지만, 물의 역수는 이와 대조적인 의미가 되는 것이다. 더군다나 역수가 되면 산은 멈추게 마련이다. 산이 멈추면 혈이 생성되는 조건이 되므로 역수의 원리를 찾고자 노력하는 것이다. 이처럼 이곳에는 역수가 되는 곳에 묘지가 있으며 물이 역수로 흐르는 곳에 봉분이 있다.

⑷ 마지막 멈춘 곳

이 자리는 역수가 됨과 동시에 마지막의 멈춘 곳에 묘지가 있고 그곳이 산진처가 된다. 어떠한 형태의 혈이 되더라도 멈춘 곳이 있어야 혈이 된다. 멈추지 못한다면 혈이 생성되지 않는 것이 일반적이고 이것이 가장 큰 이유이다. 따라서 혈을 찾고자 한다면 멈춘 곳을 찾는 것이 지름길이 된다. 이곳이 이러한 멈춘 현상이 있는 곳에 묘지가 있고 혈이 된 곳이다.

⑸ 개장된 천심맥

분묘에서 뒤편의 용을 보면 개장되어 쭉 내려온 맥이 있다. 이 맥이 천심맥으로 힘 있게 내려와 선룡이 우선으로 오다가 봉분 뒤편에서 선룡이 바뀐 형태로 진입한다. 진입하면서 곡맥으로 마무리를 하는 맥으로, 좌우로 맥이 벌린 형태의 개장이 되며 좌측이 청룡이 되고 우측이 백호가 된다. 따라서 이곳은 좌우로 벌려진 형태의 개장과 천심이 이루어진 곳에 분묘가 있다. 아름다운 현상이 되는 곳으로 좋게 보인다.

⑹ 시간 맞춘 이장

이곳의 묘지는 대통령 선거가 있기 2년이 채 되지 않은 곳으로 땅의 기운이 일맥상통하게 맞게 이루어진 곳으로 이해된다. 이러한 시기는 계산된 것처럼 미래를 예측하고 기획한 작품으로 보인다. 참으로 묘한 시기에 대선에 의한 평가가 되는 곳이기도 하다. 아무튼 최대의 이슈가 이루어져 성립된 곳으로 보인다.

⑺ 큰물보단 작은 물이 더 나은 기운

작은 물이 더 유리하다는 것으로 판단해 볼 수 있는 곳이다. 물론 결과론이지만 기운의 의미를 논하면 그렇다는 이론이 된다. 큰물은 길게 장기간의 기운이 예측되지만 작은 물은 단기간 짧은 시간에 기운이 있는 것으로 평가되기 때문이다. 이에 따라 이곳의 물은 좌측의 큰물보단 우측 골짝기의 비교적 작은 물이 득수되어 응용되는 것으로 이해된다. 좌측은 계곡이 크고 우측은 작지만 실제로 얻어지는 물이기에 그렇게 해석되는 것이다.

⑧ 피그말리온 효과

이 효과는 적극적 사고방식과 유사하다. 긍정적인 생각에는 긍정의 힘이 전달되고, 부정적인 생각에는 부정의 힘이 전달되는 논리로 기운도 그렇게 받는다는 효과가 있다는 것이 이 원리이다. 본 대통령에게는 적극적이면서도 절박한 심정이 이를 말해 준다. 3번이나 대선 후보가 되면서 그에 따른 성공의 갈망은 크지 않을 수가 없으며, 이러한 성취가 김대중 대통령에게는 필연적인 목적이 아니랄 수가 없다. 따라서 피그말리온 효과는 상당히 의미가 있고 크다고 본다.

⑨ 과도한 훼손

김대중 대통령은 훼손 면적이 너무 많다. 3단으로 구성되어 있어 여러 가지가 복잡하다.

첫째는 혈증의 부재이다. 여타 다른 곳의 지표면을 읽어 보면 틀림없이 혈증이 나타나지만 평탄면은 전연 그러한 모습이 없다. 측면을 통해서만 확인이 가능하다. 'j' 자 원리, 역수, 좌선룡, 정지된 지형 등만 보일 뿐 혈증은 전연 보이지 않는다. 너무나 많은 혈중의 파괴로 선익은 깊이가 깊은 심와로 추정되나 그 또한 많은 훼손으로 보이지 않는다.

둘째는 물의 처리이다. 좌선룡에 의한 좌선수이나 봉분 주변의 훼손으로 물길의 형태가 엉망이다. 이러한 피해는 혈이 파괴될 뿐만 아니라 좌우 선익의 피해까지도 초래되므로 이로 인한 피해 정도는 상당히 크다.

셋째는 합분의 분묘 둘레가 석으로 되어 있다는 사실이다. 돌은 냉기가 있을 뿐만 아니라 바람과 물에 취약하다. 그리고 둘레석 안으로 들어간 물은 나올 방법이 없다. 시신은 빨리 자연으로 돌아가야 하며 유골은 황골이 되어 오래도록 좋은 기운을 전달해야 함에도 둘레석이 있어 수렴의 피해가 우려된다. 기회가 된다면 몰관이나 목관으로 하는 것이 좋을 듯하다.

네 번째는 나무의 문제이다. 반송이 묘지 주변 가까이(2m 내외) 있어 목렴의 우려가 있으므로 기회가 된다면 나무를 이식하는 것이 좋을 듯하다. 이처럼 많은 훼손과 장식에 의한 비석 등이 많아 현실적인 장법보단 후손들이나 문중들에게 보여 주기 위한 상징성만 들게 하는 자리로, 이 또한 좋은 현상은 아니다.

따라서 기회가 된다면 3단의 계단을 원형대로 재정비하는 것이 선결 문제이며 나머지도 자연대로 원형에 가까운 복구가 되었으면 하는 마음 간절하다. 그렇게 된다면 지금의 봉분은 한층 더 의미가 부여될 것이다.

⑽ 잘못 낸 진입로

진입로는 묘지의 왼쪽에 설치됐다. 선룡이 좌선이다. 좌선이면 왼쪽이 부드럽고 살이 많다. 살 많은 둔덕을 훼손시켜 기운을 다치게 하는 좋지 못한 방법으로 진입로가 있다. 이를 사람으로 바꾸어 말하면 궁둥이의 살을 베어 내는 행위와도 같은데, 편리하다는 핑계로 진입로를 내어 사용되고 있지만 혈에 대한 백분율이 떨어지는 행위이다. 봉분을 기준으로 오른쪽으로 진입되어야 피해가 없다. 기회가 된다면 묘지의 봉분 주변 진입로는 원상 복구되어야 하며 우측 편에 진입로가 되어야 그에 따른 피해가 없을 것으로 생각된다.

⑾ 부적절한 좌향

이 자리는 개장과 천심맥으로 구성되어 있는 곳으로 4신사에 의한 좌향이며 필자의 논리와는 비교되는 좌향이므로 개선되었으면 한다. 입수가 기준이 된다면 안산이 아닌 전순이 되어야 하기 때문이다. 이곳에선 입수와 봉분 그리고 안산이 연결되는 좌향법이다. 이러한 방법은 개선의 여지가 많고 균형의 논리나 비율의 논리에서도 맞지 않는다.

따라서 입수가 기준이 되었다면 전순을 맞춘 좌향이 되어야 하는 데에 비해 입수와 묘지와 안산이 좌와 향이 되는 일직선으로 문제가 따르므로 잘못됐다. 좌향이 4신사에 의존한 좌향법이기 때문으로 시정을 요하는 좌향이 필요하다.

⑫ 견취도 설명

[그림 1]에서 ①은 입수이고 ②는 봉분이며 ③은 전순 하단부이다. ④는 우측 편의 골짜기이고 ⑤는 좌측의 상단부의 요성이며 ⑥은 좌측 하단부의 요성이다. ⑦은 우측의 전순에 의한 관성이 된다.

이를 상세히 다루어 보면 이해가 쉽다. ①은 봉분의 위에서 보면 둥근 형태로 나타나는데 이것이 입수가 된다. 유심히 보면 둥근 형태의 볼록함이 보인다. ③은 전순의 하단부가 빙빙 돌아 우측으로 돌았다. 이는 ①과 ②처럼 아래로 일직선으로 진행하는 용맥이 ④처럼 돌도록 되어 있다. 이러한 형태가 'j' 자의 모양과 일치한다. 필자가 표현하는 'j' 자 이론이다.

④는 우측의 물길이다. 이 물길은 곧장 흘러가는 것이 아니라 진입하는 방향의 산 위쪽으로 흘러서 내려간다. 이러한 물길은 역수라 하는데 이곳 ④에 있다. 또한 이곳은 ⑤, ⑥, ⑦처럼 요성이 붙어 있다. 요성은 파조처럼 붙어 있어

타탕보단 약하지만 요성이 있다는 사실은 유심히 볼 필요가 있다. 자세히 보지 않으면 놓칠 가능성이 많다. 이 요성은 좋다. 1개도 아닌 관성까지 포함하여 4개나 붙어 있다. 대단히 좋은 현상이 현장에 있다.

이상의 내용을 분석하면 우측과 같은 모양의 혈상이 된다. 이는 와혈이다. 너무나 많은 지표가 훼손되어 혈증은 망가졌지만 위와 같은 분석은 가능하다. 측면에 혈증이 있기 때문이다. 다른 곳의 혈증 분석을 참고하거나 측면에서의 혈증을 분석해 보면 선익은 그에 따른 깊이가 있었을 것으로 생각된다. 그렇지만 보이지 않는 것을 논한다는 것은 문제가 ,따른다고 볼 수가 있다. 이러한 여파로 본 자리의 선익은 낮은 형태의 천와로 분석되며, 전후좌우가 고른 것이 아니라 상하가 긴 형태의 협와로 분석되어 본 자리의 혈상은 천와와 협와의 와혈 명당으로 분석된다. 그 그림이 우측의 견취도이다.

[그림 1] **김대중 대통령 부모의 묘지 견취도**

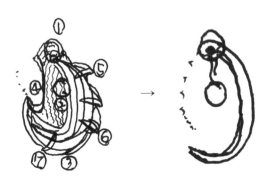

2) 조모의 자리

⑴ 불분명한 우선룡

조모의 묘지에 입장하면서 보면 선룡이 우선으로 보였다. 묘지 뒤쪽 나무속으로 들어가면서 보면 좌선으로 보이다가 봉분의 하단부를 보니 우선이다. 이처럼 선룡의 구분이 비교적 어려운 곳이다. 재차 확인하니 우측의 힘으로 돌아가는 선룡이다. 이러한 선룡은 우선이다. 우선은 귀의 개념보다는 부의 개념으로 판단된다. 부가 먼저 오면서 귀가 따라오는 형태의 선룡이다.

⑵ 잘려진 전순

문중들의 묘지 대부분이 잘려진 전순의 형태로 되어 있다. 증조의 자리, 조모의 자리, 조부의 자리 등이 같은 현상으로 봉분의 앞부분 일부가 손상되어 있다. 아마도 내려가는 기운이 없도록 하기 위한 방편으로 보이는데 이는 아주 잘못됐다. 자르는 방법도 의미가 있어야 하는데 너무 가깝게 잘려 있어 전순에 의한 피해가 따른다. 좋은 현상은 아니므로 시정되어야 한다.

⑶ 없는 듯하지만 분명한 맥

이 자리는 맥이 없는 무맥지처럼, 지각처럼 보이는 곳이다. 하지만 자세히 보면 좌측과 우측의 골짜기가 분명하게 있다. 개장을 하고 천심을 한 본맥의 분명한 입수맥이 된다. 다만 맥선이 분명하지 않다는 것이나 물은 갈라지므로 맥은 분명히 있기 때문에 염려할 필요는 없다.

다만 맥은 분명해야 좋다고 하지만 자연이 그런 걸 어떻게 할 방법은 없다. 없다면 문제가 따르지만 좌우측에 물이 분수되어 있으므로 맥은 살아 있음이 분명하다고 본다. 그러나 맥의 값어치보다는 격이 떨어짐은 어떻게 해 볼 방법이 없다. 이는 차선의 문제이기 때문이다.

⑷ 완전히 누워 있는 선익

선익이 보이지 않는다. 앞에서 언급하였지만 그렇다고 맥이 없는 것도 아니다. 있는 듯 없는 듯 평맥의 생성이 나타나는 곳이다. 이러한 형태는 입수맥에서 기인된다. 입수맥이 분명하게 나타난다면 개장과 같은 의미로서 작게 이루어지는 소개장이 될 것이다. 즉, 분명한 입수맥은 입혈을 만들어 주는 원리와도 같다. 이와 비교하여 이곳은 연약한 입수맥에 의한 약한 입혈맥이 된 것이다. 약한 입혈맥은 소개장이 되는 선익 또한 같은 개념이다. 이러한 의미로 이곳의 선익은 서서 가는 선익이 아니라 누워서 가는 선익이다. 더군다나 완전히 누워서 진행하는 선익이 되어 나타남이 뚜렷하지 않다.

그렇지만 아주 미미한 선익이 누워서 진행된 형태가 있다. 그것은 둥근 원형으로, 자전거 바퀴처럼 둥그런 모양이 나타난다. 이것이 선익이다. 오른쪽의 선익이 왼쪽 선익을 안고 있는 모습이 되어야 하지만 주변의 훼손으로 확인은 되지 않는다. 다만 필자의 소견으로는 타 지역에서의 견학 결과, 다른 곳에서 혈증이 있다는 것으로 보아, 이곳에서도 있을 것으로 생각되기 때문이다.

⑸ 보이지 않을 만큼 낮게 형성되면서도 아주 좋은 백호

유심히 보아야만 백호가 눈에 띈다. 존재 자체가 미약하다. 하지만 규모가 큰 물길을 보면 백호가 쉽게 보인다. 그런데 그 형태가 아주 좋게 생겼다. 물이 나가는 것이 아니라 들어오는 물길이 되기 때문이다. 이 영향으로 선룡이 우선이 된 것처럼 보인다. 백호가 좋아 봉분 앞의 물은 안으로 굽어져 들어오는 모양이 되어 좋다. 백호 국세가 좋다는 이유가 이 물로 판단되는 이유인 것이다.

⑹ 일반 민묘와 유사하지만 의미가 있는 혈증

올라가면서 짧게 보면 일반 민묘와 아주 유사하다. 마치 혈증이 없는 것처럼 보인다. 그러나 유심히 관찰하면 입혈

맥 좌우의 선익, 전순 등이 형성되어 있다. 이에 비해 전순
은 손상된 점이 유감이다. 길한 전순은 둥근 형태의 모양이
되면 무난하지만 잘려진 것이 흠이 되기도 하지만 잘못된
전순에 의한 영향은 보기보다도 그 피해가 크다. 이러한 것
들의 영향이 이 자리에서 보인다. 따라서 자연에서 받은 지
형지물을 제대로 찾아 활용하는 멋이 되어야 함에도 이 자
리의 전순은 손상됨이 문제로 제기된다. 이유야 어떠하든
간에 혈증이 있었던 것은 그나마 다행인 것으로 생각되며
대통령 이전의 경륜과 비추어 볼 때 이해되는 부분은 있다.

⑺ 만들었지만 자연처럼 생긴 바닷속 저수지

댐의 하단부는 극히 좁은데 자연적으로 좁은 곳에다 저수
지의 댐을 막는다. 청룡과 백호의 끝에다 저수지를 임의로
조성했다. 물이 귀한 곳임에도 불구하고 자연적으로 물이
생성되는 것처럼 쉽게 얻어지는 곳에 있다. 그것도 1차 · 2
차적으로 조성되어 저수지가 2개나 있다. 봉분 앞에 있는
저수지는 규모가 작다. 봉분의 좌측에서 나오는 물을 거둔
것이 되며 그 아래 큰 저수지가 있어 2개의 저수지가 있는
곳이다. 섬 속의 저수지로 육지에서 쉽게 볼 수 있는 정경이
기도 해 아주 좋게 느껴진다.

⑻ 경력이 함축된 이곳의 묘지

김대중 대통령은 이곳이 고향으로 일생사를 나누면 전반기와 후반부로 구분해 볼 수 있다. 전반부는 이 자리의 영향이 클 것으로 이해된다. 바로 조모의 묘지를 보면 대통령 이전의 회사 경리를 거친 후 선주가 된 배경과 신문사 사장의 경륜은 이곳 선룡의 흐름과 아주 유사하다. 우선룡은 귀의 개념과는 거리가 있다. 이에 비해 좌선은 귀와 관련성이 크다는 것이다.

따라서 대통령의 조모 묘지는 우선으로 대통령 이전의 경륜과 같이 생각할 수 있으며, 경기도로 이장한 부모의 묘지는 대통령의 신분으로 귀결되었다고 간접적으로 해석된다. 물론 결과론적인 분석이 되지만, 이에 대해서는 이미 밝힌 바 있어 참고가 되었으면 한다.[35]

⑼ 주변 견취도

[그림 2]에서 ①은 입수이고 ②는 전순이다. ③은 좌선익이고 ④는 우선익이다. ⑤는 청룡이며 ⑥은 청룡에서 진행된 안산이고 ⑦은 백호이다. ⑧은 혈전에 있는 작은 연못이

---

35 이재영, 『혈 인자수지』, 책과나무, 2020, p.118.

며 ⑨는 혈전에 있는 비교적 큰 못으로 이중적인 효과가 있는 섬 속의 물이다. 그리고 ⑩은 혈이다.

이처럼 조모의 묘지는 주변과 어우러져 있는 환경으로서 좋다. 선룡의 흐름이 우선으로 마무리되어 전체적인 양상은 우선익에 의한 영향으로 평가된다. 대통령의 젊은 시절은 부와 관계가 있었다는 사실은 이러한 영향과도 같은 의미가 부여된다고 생각된다. 혈상은 우측의 그림같이 와혈의 모습이다. 세부적인 혈상의 종류는 좌우 선익이 점선을 표시한 것과 같이 분명하지 않은 것으로 보아 천와로 보이며 전후 좌우가 균형되어 정와로 판단된다.

따라서 천와이면서 정와의 와혈로 분석된다.

[그림 2] **김대중 대통령 조모의 묘지 견취도**

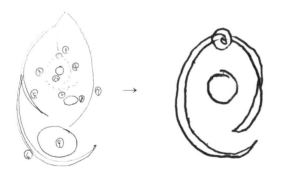

※ 김대중 대통령 부모와 조모의 묘지 분석

- 선룡에 대해서 부모는 좌선룡, 조모는 우선룡
- 봉분은 부모는 합분, 조모는 단분
- 매장의 방법은 부모는 이장, 조모는 생장
- 혈장의 분포는 부모는 뚜렷, 조모는 일부 훼손
- 분묘의 크기는 부모는 합장으로 크고, 조모는 작지만 혈을 침범한 것으로 판단
- 혈장의 크기는 부모는 크고, 조모는 작다.
- 영향에 대해서 부모는 대통령의 직과 노벨 평화상, 조모는 사업에 의한 선주와 신문사의 사장 등의 업적으로 비교 유추해 볼 수 있다.
- 이와 같은 결과로 볼 때 고향의 조모에 의한 영향은 대통령 이전, 부모에 의한 기운은 대통령과 그 후의 것으로 이해된다.

❖ 노무현 대통령의 조상과 집

노무현 대통령의 생가는 경상남도 김해시 진영읍 봉하마을에 있다. 묘지는 봉하마을 오른쪽 산에 부모의 묘지가 쌍분으로 조성되어 있다. 봉하마을에서 공장이 많은 공단 방

향으로 직진하면 1.2㎞ 정도 거리에 공장이 있다. 공장으로 진입하면 주유소가 보이는데 이곳에서 좌회전을 하면 우측에 폐차장이 보인다. 폐차장에서 일직선 1㎞ 정도에 보이는 산이 조부모의 묘지이다. 산으로 진입하면 오른쪽에 조부가, 왼쪽에 조모의 묘지가 쌍분으로 되어 있다.

조부모의 자리에서 우측으로 10m 정도 이동하면 해송나무가 2주 있다. 그 소나무 뒤에 증조부모의 자리가 쌍분으로 조성됐다.

고조부는 합분으로 상동면의 장척산에 있다. 상동고속도로 와시에서 상동면사무소 방향으로 진입하다가 사무소가 보이면 좌회전해서 고갯마루 정상까지 가면 된다. 고갯마루에는 무심사라는 간판이 있고 동네 이름이 장척마을이다. 고개 너머에는 500여 평 되는 못이 있다. 이곳이 능선의 경계가 된다. 경계 주변 못 가까이 도로변에 주차를 하고 우측의 목성(혹은 금성)산을 향해 입산하면 된다. 능선을 따라 700m 정도 올라가면 임도가 있는데 이 임도를 만나면 우측으로 2㎞ 정도 더 가면 산 능선이 생성된 곳을 만나면서 임도가 끝난다. 이곳에서 산 아래 하단부로 50m 정도 내려가면 묘지가 있다. 고총 바로 아래 큼지막한 묘지인데 이장이 됐다. 이 자리가 고조의 묘지이다.

노무현 대통령의 조상 가운데 조부와 고조의 묘지가 주목된다. 고조의 묘지는 이장을 했지만 봉분과 그 나머지는 그대로 있어 현장을 확인하는 데 무리는 없다.

1) 조부의 묘지

⑴ 아주 작은 봉분

조부의 자리 봉분은 너무 작다. 조모도 마찬가지로 공원묘지의 크기 정도로 봉분이 작다. 이러한 종류는 박정희 대통령의 고조의 자리와도 그 크기가 비슷하다. 작은 봉분은 필자가 생각하는 규모의 크기와도 거의 유사하다. 봉분이 크면 혈장을 침범하는 것이 되어 좋지 못하다. 혈장은 입수와 선익 그리고 선익 안의 물길 등이 있어 계명이 보여야 하는데 봉분이 커지면 이러한 미세한 사(砂)들이 침범하면서 장사를 망치게 된다.

혈증인 사들의 망가짐은 혈을 연구하는 사람의 입장에서는 아주 나쁜 것이 되어 혈을 다룰 때는 조심하게 다루어야한다. 혈증이 미세하지만 혈증을 다치게 할 수 있기 때문이다. 이러한 이치를 알고 했는지는 몰라도 봉분이 작아 나름대로 긍정적인 평가였다. 우측의 선익과 전순 그리고 물길등이 확인된다. 따라서 이 묘지는 혈증을 가진 참된 자리로아주 좋다.

⑵ 주변이 공장부지

묘지에 입산하면 바로 코앞이 온통 공장들이다. 농촌의 산이 아니라 도시계획에 의한 시내임을 느끼게 한다. 바로 면전에도 공장이고 좌측의 줄기도 공장으로 산만하기 짝이 없다. 무덤 속 시신(屍)의 불편함이 묻어 나오는 것으로 보여 주변 환경이 참으로 안타깝다는 생각이 든다.

⑶ 누운 우선익

선익이 아주 미세하다. 누워 진행되는 사(砂)로 움직임이 아주 미미하다. 혈증의 6악으로 세심하게 분석하지 않으면 놓치기 쉬워 판단하기가 어렵다. 혈증 이론을 이해하고 지표의 흐름을 읽어 내도 분석하는 것이 쉽지 않은데 말이다. 지평선의 눈높이를 낮추어 세심하게 분석하면 봉분을 기준으로 윤곽선을 그리면서 돌아가는 흔적의 시울이 나타난다. 이것이 우선익이다. 우선익은 전순까지 연결됨이 확인된다.

⑷ 미세한 전순

전순도 우선익과 마찬가지로 아주 미약하지만 그래도 오른쪽 선익과 연결되어 그 나름의 형태는 갖추고 있다. 마치 어린이들이 악수하듯 선익과 전순이 연결되어 있다. 이에 비해 조모의 자리 앞[36]은 아주 작은 골짜기로 비교된다. 조모의 앞은 깊이가 있는 골짜기로 바로 물길로 조부의 묘지와 비교가 되는데, 이는 골짜기 물길로 전순이 아니다. 이자리(조모)를 보면 조부의 자리 전순은 살아 있음이 확인될 것이다.

따라서 전순도 미약하고 우선익도 미약하지만 앉아 있는 봉분의 크기와는 비례가 된다. 이렇게 찾는 것이 풍수 혈의 올바른 이해이다. 선익이나 전순의 확인됨이 없이 봉분만 큰 것은 혈증이 아니기 때문이다. 이는 대단히 중요하므로 풍수인들은 이해해야 할 것이다.

⑸ 오뚝한 입혈맥

조부의 봉분에는 입혈맥이 뚜렷하게 존치되어 있다. 그 모습이 마치 오뚝한 코처럼 솟아나 있어 분명하다. 다른 혈증보단 유달리 뚜렷해 좋게 생겨 분명하게 구분되는 것이 특징이다.

---

36 전순이라 하지 않고 앞이라 표현한 것은 의미가 깊다. 청룡이라 하면 그 속에는 혈이 있어야 함에도 불구하고 혈이 되지 않는 곳에서도 임의대로 청룡과 백호를 사용하는 의미와 같다. 즉, 조모의 묘지가 혈이 된다면 전순이라고 하여야만 되는 이치이다.

⑹ 분명한 계명

뚜렷한 입혈맥과 상분의 물길이 분명하게 나타난다. 이것이 계명이다. 계명이 이곳에서 유난히 빛을 낸다. 이는 입혈맥에 의한 물길의 구분이다. 불분명한 입혈맥에서나, 흐지부지한 물길에서는 계명이 없다. 이에 비해 이곳의 조부 묘지에서는 이러한 두 가지가 분명해 경계가 확실하게 구분된다. 이게 계명으로 습하지 않으며 건조되어 있어 밝게 빛난다. 단순하게 보는 묘지와는 차이가 나는 자리로 구분된다.

⑺ 선익 위에 앉은 조모 봉분

조모의 봉분은 돌아가는 선익 위에 있다. 이러한 곳의 봉분은 불안하다. 당초 쌍분의 봉분 크기는 같았을 것이다. 그러나 지금의 조모 봉분은 그 크기가 조부의 봉분보다 무척 작다. 현상은 무너짐에 그 답이 있다. 돌아가는 선익 위의 지표는 불안하고 중심을 잡기 어렵다. 이러한 이유로 봉분이 흔들려 무너지는 것이다. 그래서 지금의 크기가 조부의 봉분에 미치지 못하는 것이다. 이를 입증하는 증표가 좌선익의 위에 안장된 봉분이기 때문에 작아진 경우가 된다.

⑻ 평맥에 의한 우선

봉분 뒤를 보면 큰 개념으론 맥이 내려오지만 미시적으로 보면 맥이 없는 것처럼 보인다. 맥의 진입 자체가 용맥이 없는 것처럼 보여 이상하리만큼 나타나는데, 이러한 맥이 평맥이다. 평맥은 단점이 하나 있다. 전순이 없으면 사용 불가라는 점이다. 그 이유는 그냥 흘러가므로 멈춤이 없게 되기 때문이다. 이를 방지하는 것이 전순이다. 이 자리에 전순이 있다는 것은 아주 큰 특징이다. 평맥이지만 전순이 있음으로 인해 혈이 생성된 경우이다. 이처럼 평맥은 전순이 있어야 한다는 원칙인데 이곳이 그러하다.

⑼ 안산의 훼손 등 주변 환경의 취약

2020년 10월 9일 금요일 관산에 임할 때 안산은 장비로 산을 훼손되고 있었다. 참으로 주변 일대가 공장이며 좌측도 우측도 앞부분도 훼손의 극치가 됐다. 이러한 곳은 이장의 대상지이기도 한 아주 좋지 못한 환경 조건이 됨으로 애석하기 짝이 없다.

⑽ 묘지에 대한 견취도 설명

[그림 1]에서 ①은 조부의 묘지이고 ②는 조모의 묘지이다. ③은 입혈맥이고 ④는 우선익이며 ⑤는 전순이다. ⑥은 물길이며 조모의 앞이 된다. 우선익은 보이지 않는다. 그 이유는 조모의 묘지가 봉분으로 되어 있어 확인되지 않는

것이다. 다만 조모의 앞으로 빠져나가는 물길이 되어 있어 간접적으로나마 유추할 뿐이다.

　아래의 그림처럼 생긴 혈상은 와혈이다. 세분해서 살펴보면 선익이 누워 있는 형태가 되어 천와로 판단되며, 전후좌우에 있는 6악의 혈증 형태가 바르다. 이는 정와이다. 따라서 이 자리는 규모는 작지만 그래도 혈증이 있는 곳으로, 천와와 정와의 와혈자리로 명당이다.

[그림 1] **노무현 대통령 조부의 묘지 견취도**

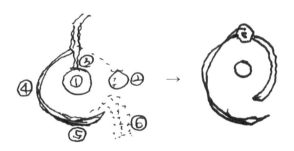

2) 고조의 묘지

⑴ 'j' 자 형태의 마무리

　이곳에 임하면 규모가 크다. 용맥이 급하면서도 자리한 이곳은 평탄한 지역으로 'j' 자로 왼쪽의 입수부터 돌아 전순의 우측에서 마무리했다. 그 형태가 'j' 자의 모양이다. 또는 낚시 고리와 유사하게 이루어진 모양으로 되어 있어 좋게 보인다. 밑으로 맥선의 움직임이 고정되어 흘러 내려가지 않아 좋다.

(2) 우선에 의한 용과 물

선룡이 'j' 자 형태로 돈 우선이며, 물 또한 같은 우선수가 되어 좌측으로 빠진다. 따라서 선룡이 우선에 의한 선수도 우선으로 같은 방향이 되어 움직인다.

(3) 암석에 의한 급한 용맥

앞에서도 언급한 것처럼 장척산은 목성의 모양으로 산 정상이 높고 뾰족하다. 이렇게 흘러내린 기울기는 가파르다. 용맥이 묘지의 봉분 뒤에서 내려온다. 산은 거짓이 없다. 날카롭고 높으면 암석으로 이루어져 있는데 이곳이 그렇다. 이 맥은 서서 있는 입맥이다.

조부의 자리와는 비교된다. 조부의 묘지는 있는 듯 없는 듯 평맥이지만 이곳에서는 분명하게 돌출된 입맥으로 되어 있다. 혈은 입맥을 선호한다. 사람의 성상도 지형과 같이 닮아 가는 것이 인걸지령(人傑地靈)인 듯하다. 이러한 여파로 묘지의 뒤 입맥은 암석들이 즐비하다. 일부는 돌도 있지만 박혀 있는 암석들이 주류이다. 풍수에서는 이를 좋게 평한다.

⑷ 분명한 입혈

맥이 물을 좌우로 갈라 준다. 분명하게 물을 갈라 주는 역할이 입혈이다. 이곳이 입맥과 동시에 맥의 영향을 받아서 그런지 입혈도 분명하게 이루어짐으로 물이 양분되어 좋다.

⑸ 무인지경에 있는 천혈

장척산의 진입은 장척리 마을에서만 가능하다. 상동면사무소 쪽 하천계곡부에서는 진입이 거의 불가능하다. 장척리 마을의 저수지에서 들어가야만 가능하기 때문이다. 임도를 따라 좌측으로 가면 산 정상으로 가고 우측 임도로 가면 쉽게 맥이 나타나는데 진입부와는 반대쪽이 된다. 이는 7부 능선상이다. 혈의 높이가 하늘을 의미하는 천혈이다.

천혈은 장사하기도 쉽지 않다. 산은 높고 길은 험하고 시간은 많이 들고 낭비도 많고 해서 지관·지사는 꺼린다. 그러나 혈이 된다면 꺼릴 수가 있는가? 없다. 천혈이든 인혈, 지혈이든 간에 혈만 되면 가릴 필요가 없는 것이 풍수 상식 아닌가? 그래서 선인들은 천혈도 마다하지 않았다. 그러나 지금은 어떤가? 아니올시다. 힘들다는 핑계로 장사를 하지 않으려 하는 것이 대부분이다. 하지만 혈이 된다면, 혈증이 있다면 장사는 멀고 힘들어도 해야 할 것이다.

⑹ 알 수 없는 시간의 이장

이장 여부는 아무도 모를 것이다. 필자도 모르고 관산을 했는데 벌써 20여 년의 세월이 흘렀다. 그때 한 번 관산을 하고 이번이 두 번째 관산인데 그 위치를 찾는 데는 고생이 따랐다. 지표면을 분석하면서 이장 사실이 확인됐다. 봉분이 망가졌고 빗물이 고인 흔적이 있어 이를 보고 이장을 했음이 느껴졌다. 그러나 물을 때도 없고 묻고 싶은 생각도 없다. 그냥 허무하다는 생각뿐이다. 혈이 되지 않으면 모르겠지만 아무튼 이장은 됐다.

언제 했는지 그 시기를 한번 생각해 보는 기회가 되었으면 한다. 노무현 대통령이 탄핵의 대상이 되었다는 것을, 또는 유명을 달리한 대통령으로서 한 번쯤 풍수인으로서 심히 우려되는 대목이 될 것이며, 또한 이 자리와의 연관성을 따져 보면서 이 묘지를 분석해 봤다. 이장이 사실이라면 한번 따져 보는 것도 좋은 기회가 될 듯하다고 본다. 혈자리에서의 이장과 혈이 아닌 곳에서의 이장에 따른 피해 차이가 큰 것은 당연지사가 아닌가 한다.

⑺ 묘지 설명

[그림 2]에서 ①은 입수이고 ②는 이장해간 봉분이며 ③은 우선의 시울이다. ④는 보이지 않는 가상적인 좌선익이다.

끝부분에 물의 빠짐이 확인된다. ⑤는 전순이고 ⑥은 중첩의 전순이며 ⑦은 나가는 물길이다.

이상과 같은 분석에 의하면 그림의 혈상은 와혈이다. 선익의 깊이는 얕다. 입수와 전순의 상하 길이는 긴 협와이다. 따라서 천와이며 협와의 와혈 명당이다.

[그림 2] **노무현 대통령 고조의 묘지 견취도**

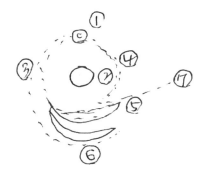

◈ 이명박 대통령의 조상 묘지와 집

이명박 대통령의 생장지는 경상북도 포항시 흥해읍 덕산리 마을이다. 부모의 묘지는 쌍분으로 경기도 이천시 호법면 주미리 산 28번지 영일 울릉목장 안에 있다. 조부와 증조부모는 단분으로 경상북도 포항시 신광면 만석리 산 27번지에 있다. 조모는 단분으로 묘역에서 동향으로 보면 고갯마루가 있다. 그 너머는 덕산리 마을이고 고갯마루에서 북쪽으로 임도가 있는데 그 임도를 따라 200m 정도 가면 철탑이 나온다. 그곳 임도에서 좌측의 크지 않은 산의 측면에 묘지가 위치한다. 이들 묘지 중에서 증조모의 묘지가 주목된다.

1) 증조모의 묘지

이 자리는 묘역까지 포장이 되어 있어 승용차로도 쉽게 접근이 가능한 곳으로 입지가 잘된 곳이다. 그러나 묘지는 산속에 위치한 묘소가 보다 더 정감이 가는 것은 사실이다. 그런데 이 자리는 주변의 농경지가 인접되어 있으므로 이러한 분위기는 새롭지 않다. 너무나 많은 손질로 기운을 약하게 하는 듯 주변의 모습에 오히려 신선함이 줄어든다.

⑴ 맥선의 중심

증조모의 자리는 맥선의 정중앙에 위치한다. 주변에는 증조부와 조부의 자리가 있다. 이들 묘지의 중앙에 위치해 정중앙을 보는 간접적인 재미도 있다. 마치 주변을 거느리는 짜임새 있는 풍경이다. 뒤편에서 진입하는 맥로의 중앙에 이 묘지가 위치해 있다.

대통령, 풍수 穴로 말하다

⑵ 우측 요성

3성의 하나인 요성이 2개 존치한다. 입수 측 선익에는 큰 것이, 전순 쪽 선익에는 보다 작은 형태의 요성이 붙어 있다. 이로 인한 영향으로 선룡이 결정된다. 우선에 의한 자리의 영향이 큰 것으로 분석된다. 현대그룹에 근무한 경력으로 귀보단 부로서의 관련성이 인정된다.

⑶ 미미하지만 좌·우선익 존재

봉분의 뒤편에서 하단부를 향해 쳐다보면 봉분 중앙을 향해 둥글게 흘러간 형태가 미세하게 나타난다. 이는 좌선익이다. 좌선익의 크기는 길지 않은 길이로 짧게 됐다. 우선익에 포함된 것이 물길을 보면 이해되도록 그려진 형태가 나타난다. 이는 오른쪽의 선익이 좌측의 선익보다 크기가 크다는 것을 보여 준다. 이게 우선의 선룡으로 표현되기도 하는 것으로, 귀보단 부를 강조하는 뜻이 들어있다.

⑷ 우뚝 선 전순

석축이 전순위에 설치되어 오히려 흉물스럽게 보이지만 그 아래에 높게 형성된 것이 전순이다. 이 전순은 우선익과 연결되어 좌측까지 연결된다. 이러한 이유는 우측의 흐름이 천편일률적으로 둥글게 흘러간 흔적이 있다. 이는 흐름의 중간에 끊어짐이 없다는 것을 간접적으로 묘사한 것이다. 이에 비해 당판의 하단부 좌측에는 물길의 흔적이 나타난다. 이곳이 합수가 되는 합수처이다.

따라서 전순은 우측의 우선익과 함께한 것이 분명하게 나타나는 곳으로 높게 형성되어 그 모양이 좋다.

⑸ 우선의 선룡

일부 언급이 되었지만 우측의 요성 등에 힘을 받아 선룡이 우선이다. 이 선룡은 전순까지 연결된 것으로 좌측의 선익을 안고 있어 완전히 'j' 자로 모양이 나타난다. 아마도 이명박 대통령의 업적은 귀(貴)보다는 부(富)의 논리로 판단되는 것이 이러한 영향이 아닌지 거듭 생각해 볼 필요가 있으며, 부가 이루어진 다음에 귀가 오는 논리로 추측된다.

⑹ 큰 봉분

봉분의 규모가 크다. 1인 1실의 자리인데도 불구하고 봉분의 크기가 크다. 큰 봉분은 1분합을 저해한다. 봉분 속에 물길이 들어가는 상황이다. 이렇게 되면 좋지 못한 피해가 우려된다. 봉분의 크기는 좌우의 선익 속에 들어가야 된다. 선익을 살리고 선익에 의한 물길을 살려야 제대로 된 올바른 봉분의 조성이 완료된다. 그런데 이 자리는 이러한 혈의

크기를 무시한 모습이 보인다. 기회가 된다면 개선할 필요
가 있다고 본다.

⑺ 사성의 설치

좌우의 선익이 사성이 된다. 이를 무시한 사성의 설치는
물길을 망가지게 한다. 물길은 자연이 만든 것이다. 무지로
사람이 물길을 움직인다면 이는 자연의 그르침이다. 잘못
된 물길은 복원이 되어야 하지만 쉽지는 않다. 애당초 선익
을 찾아 성토할 필요성이 요구된다. 이 자리는 임의로 사성
이 설치됐다. 아주 잘못된 사성의 설치로 오히려 물길의 흐
름을 방해하는데 이에 대한 피해는 작지 않다. 따라서 사성
의 설치는 신중을 기할 필요가 있다.

⑻ 불필요한 석축

석축은 돌로 되어 있다. 혈과 돌은 상극이다. 자연스럽게
박힌 돌은 피해가 없지만 임의로 운반해 설치한 돌들은 주
변을 변화시켜 물과 바람에 의한 자연을 거슬리게 하는 성
질이 있다. 이러한 좋지 못한 영향을 주는 것이 석축이다.
또한 석축은 소동물의 서식지가 되는 경향도 있다. 석축한
곳의 빈 구멍이 쥐나 뱀들의 집이 되는 것이다. 이처럼 석
축은 좋은 효과보다는 못한 영향이 더 크다. 그런데 이곳에

석축이 설치되어 있다는 사실이다. 또한 와혈은 내려가는 하단부가 낮다. 전순이 낮은 것이 보다 더 자연스럽다. 이를 무시하고 석축을 설치하여 자연의 진단을 망쳐 버렸다. 많은 아쉬움이 남는 자리이다.

⑼ 묘지에 대한 설명

[그림 1]에서 ①은 봉분이다. ②는 우선익이다. 미세하지만 눈을 크게 뜨고 유심히 아래의 지표면을 보면 발견된다. ③은 우측의 요성이며 ④는 우측의 작은 요성이다. 흙으로 되어 있는 것이지만 2개가 붙어 있다. ③은 파조이고 ④는 타탕이다. ⑤는 전순이다. 전순 위에 석축으로 되어 있으나 유심히 보면 우선룡으로 돌아감이 나타난다. ⑥은 좌측의 사성이다. 이 자리는 전후좌우가 둥근 형태로 원에 가깝다.

이상과 같은 내용을 분석하면 사방이 둥근 형태가 되는 것으로 우측의 그림과 유사하다. 이는 균등한 정와이며, 선익의 표시가 얕게 이루어진 것으로 천와로 와혈 명당이다. 미미하지만 혈증의 흔적인 좌우의 선익이 보인다. 서서 진행하는 것은 아니지만 누워서 아주 얕게 진행하는 모습은 나타난다.

이에 비해 정동영 후보는 전후가 긴 협와인 데 반해 짜임새 면에서는 이명박 증조 묘지가 상대적으로 더 돋보이는 것으로 이해된다. 이는 분석의 기준이 되는 측면에서도 우열의 기준을 구분하는 데서도 의미가 있다고 본다. 이에 따라 이명박 대통령의 당선은 무난하게 이루어진 것으로 보인다. 다만 풍수적인 잣대임을 독자들은 이해해야 할 것이다.

[그림 1] **이명박 대통령 증조모의 묘지 견취도**
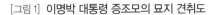

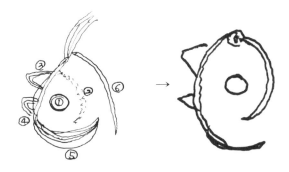

※ 대선의 경쟁자인 정동영 후보

정동영 후보는 순창에 조상들의 묘지가 위치한다. 부모는 쌍분, 조부의 묘지는 단분, 조모도 단분, 증조부모의 묘지는 상하분으로 되어 있으며 전체가 한곳에 조성된 묘역으로 구성되어 있다. 고조는 이명박 대통령처럼 위치를 몰라 현장 확인을 하지 못했다. 이명박 대통령과 마찬가지로 정동영 후보도 증조모의 묘지가 주목된다. 이들 2개소(이명박과 정동영의 증조모의 묘지)는 거의 비슷하다.

1) 우선룡

정동영 후보의 증조모의 묘지는 선룡이 우선이다. 이는 이명박 대통령의 증조모와 같다. 증조부의 자리에서는 좌선으로 시작되었으나 내려오면서 우측의 요성으로 인해 우선이 되어 마무리가 좌측의 전순 부분까지 길게 전개됐다. 이러한 형태의 선룡은 길이가 긴 타원형의 우선이다. 아무튼 선룡은 같다.

2) 강한 운동성

제일 상부의 묘지는 좌선으로 진행하다가 중간의 묘지에서 우선으로 용진했다. 좌선으로 진행되었다면 계속 좌선으로 되어야 올바른 혈이 되는데, 이곳에는 왔다가 가는 운동관성의 형태가 된다. 이에 따라 강한 운동성이 있는 곳이 되어 길게 흘러 내려가면서 마무리됐다.

3) 긴 마무리

앞에서 언급된 내용처럼 운동성이 강해 마무리가 더디게 이루어진 곳이다. 혈에서는 운동성이 강하면 길게 용진하는 것이 자연이다. 자연의 이치가 이러하다. 선룡이 한쪽으로만 진행되어야 비로소 'j' 자가 된다. 좌선으로 갔다가 우선으로 왔다가 하면 용맥은 튼실해지지만 멀리 가 버려 혈은 생성되지 않는다.

따라서 이 자리는 짧게 마무리가 될 수 없는 곳으로 길게 형성됐다. 이 점이 설기나 물길의 피해 우려가 예상되거나 전순에 물길이 생기는 것이 되어 좋지 못한 결과를 초래한 것으로 생각된다.

4) 큰 봉분

봉분이 너무나 크다. 혈장의 개념 없이 장사한 곳이 증조모의 묘지이다. 혈은 크지 않다. 이를 무시한 봉분의 설치는 효율성 면에서 100%의 백분율을 떨어뜨린다. 따라서 대형 봉분은 지양되어야 한다.

5) 물길에 의한 전순의 피해

전순에 의한 시울이 물길로 인해 피해를 입었다. 전순에 물길이 나 있어 피해가 예상된다. 전순은 우선익과 같이 연결되어야 비로소 올바른 물의 길을 만들어 준다. 그런데 이곳에는 이러한 흔적이 없다. 전순으로 물길이 생성되어 전순이 나누어지게 하는 물길이 있고, 사람이 다니는 진입로도 물길과 마찬가지로 전순으로 사람이 다녀 지표면이 손상되는 것이 현장에서 보인다. 이곳으로도 물길이 되어 물이 나간다.

시간이 지나면 더한 피해가 예상되므로 기회가 된다면 시울을 흙으로 보강함으로써 이러한 피해를 예방하여야 될 것이다.

6) 종선으로 배치된 조상 묘지

정동영 후보의 조상 묘지 배치는 종렬로 되어 있다. 위에는 증조부가, 중간에는 증조모가, 그 아래에 묘가 하나 있다. 이러한 배치는 문제가 된다.

상의 자리에서 보면 그 아래 묘지는 전순에 해당되거나 전순 밑에 위치한다. 이는 전순을 손상하게 하는 피해가 있다. 중간도 마찬가지로 묘지 위는 입수인데 입수에 조상 묘지가, 아래는 전순인데 그곳에 묘지가 있다면 피해가 오는 것은 당연하다.

아래도 마찬가지로 위가 입수인데, 그 입수에 묘지가 있다면 피해는 있다. 이러한 예들로 인해 피해가 종선으로 장사하면 좋지 못한 피해가 예상되는 것이다.

중간에 위치한 증조모가 혈이다. 혈 위의 묘지(증조 부)와 혈 아래 묘지(미상의 묘지)는 중간에 위치한 증조모의 묘지에 좋지 못한 피해를 주게 된다. 이는 종렬에 의한 피해가 예상되는 원인 제공자가 되는 것이다.

7) 현장 설명

[그림 2]에서 ①은 증조부의 자리이다. ②는 증조모의 자리로 와혈이다. ③은 미상의 묘지이며 ④는 좌측의 요도이다. ⑤는 우측의 요성이다. 요도와 요성은 하는 역할이 같지 않다. ⑥은 후손들이나 풍수 호사가들의 진입로이고 ⑦은 좌측변의 골짜기로 굽어진 형태를 설명한 것이다. ⑧은 마무리된 사(砂)로 용맥의 정지를 마지막으로 한 맥이다.

이상에서 본 바와 같이 이 자리는 좌측으로 마무리가 된 맥세이다. 마치 그 형태가 [그림 2]의 오른쪽과 같은 와혈의 모양이다. 혈의 세분류는 ⑤, ⑥, ⑧의 시울과 같이 돌아감이 보인다. 이가 오른쪽으로 돈 우선익이다. 그런데 주변이 망가져 돌아감이 미약해 잘 보이지 않는다. 다만 맥의 마지막이 확인될 뿐 선익의 깊이는 분간이 되지 않는다. 이러한 선익은 높이가 낮음을 나타내는 것으로, 길이가 긴 타원형의 협와이며 천와이다. 즉 상하로의 길이는 긴 형태가 되어 전후좌우가 균형을 이루는 정와와는 비교된다.

따라서 이 자리는 협와이면서 선익이 얕은 천와의 와혈이다. 정동영 후보가 기자에서 통일부장관, 대통령 후보에 이르기까지의 여정이 이 자리의 영향으로 평가된다.

[그림 2] 정동영 후보의 증조모의 견취도

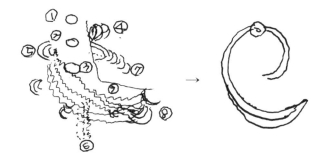

　위에서 살펴본 바와 같이 정동영 후보와 이명박 대통령과의 단순 비교이지만 차이가 있다. 물론 혈이 선거의 결정을 짓는 잣대는 아니라 할지라도 한 번쯤 풍수를 이해하는 측면에서는 필요할 것으로 본다.

　따라서 혈상에 대한 손상 등의 문제점은 지관 · 지사가 장사를 할 때에 모든 지혜를 동원하여 처리하고 일을 하여야 할 것이다.

　또 혈을 연구하는 연구자 등은 이러한 방법으로 비교를 한다는 것도 한 번쯤 이해해 볼 만하다는 생각이므로 가벼운 마음으로 독서하기를 희망하는 바이다.

　아래 분석 내용은 전적으로 필자의 생각이다.

[표 1] 이명박 대통령과 정동영 후보의 혈 비교

구분	이명박	정동영	비고
조상	증	증	同
선룡	우선	우선	同
부귀 여부	부〉귀	부 〉귀	부가 우선
부	현대 사장	MBC 앵커	이명박 〉정동영
운동성	적정	강	강하면 용진
혈증	입수, 전순, 선익, 요성, j	전순, 요성, j	요소가 많으면 확실
혈상	와혈	와혈	同
혈상의 선명도	미미하지만 분명	무 흔적	–
형태	원형	상하가 긴 타원형	원형이 유리
상대적 혈상 크기	덜	더	혈은 작은 것 유리
봉분	대	대	同
장법	유	불	대통령 유리
물 처리	유	불	대통령 유리
물길	적정	부적정	대통령 유리
상대적 기운	유	불	대통령 유리
문제점	석축	전순의 물 피해	상호 같다
진입로	좌측 적정	진입로가 중앙, 전순 피해	전순이 손상
정당	야당	여당	선거 실패
경력	현대, 서울시장, 대통령	MBC, 장관, 당 대표	결과 대통령 우세
선거 비율	48.7%	26.2%	2배 미만의 차이
결과	당선	낙선	–

IV

결과에 대한 이해

대통령은 아무나 할까? 아니다, 아무나 못한다. 조상의 묻힌 자리나 태어난 곳이 혈이 되어야 한다. 그것도 하나가 아니고 2곳이 되어야 가능하다. 이는 대단한 발상이 아닐 수 없다.

물론 나름의 어패가 있다. 선거가 아닌 경우나, 선거이거나, 타의에 의한 것이냐, 아닌 것이냐 간에 대통령은 혈이 있어야 된다. 혈이 없으면 불가능하다.

일국의 대표인 대통령은 절대로 아무나 하는 것이 아니다. 혈이 없어도 대통령이 된다면 풍수 공부는 소용이 없다. 하지 않아도 된다. 해 봐야 의미가 없기 때문이다. 그럼 결과를 보면 다음과 같은 혈증이 이를 말해 준다.

◈ 혈(정와)

첫째로 혈을 분석한 결과, 윤보선 대통령은 생가와 고조부의 자리가 와혈이다.

박정희 대통령은 생가와 부모와 고조부모의 묘지가 와혈이다. 박근혜 대통령은 조부모와 5대조 부모의 묘지가 영향을 끼친 것으로 평가된다.

최규하 대통령은 증조부와 고조부의 묘지가 와혈로 2곳이 된다.

전두환 대통령은 생가와 조모, 증조부의 묘지가 와혈이다.

노태우 대통령은 생가와 부모, 고조부모와 5대조 부모의 묘지로 혈이 4개로 분석됐다. 특히 생가는 지금의 건물에서 자연향으로 90° 우측으로 틀면 혈증이 나타난다. 이 생가 또한 와혈로 분석된다.

김영삼 대통령은 생가와 어머니의 묘지, 고조부모의 묘지 등 3곳의 와혈이 증명된다.

김대중 대통령은 부모와 조모의 묘지가 와혈로 분석된다.

노무현 대통령은 조부와 고조의 자리가 돋보인다. 혈은 2곳이 되며 와혈로 분석된다. 다만 고조는 일시 불명으로 이장을 했다. 이러한 이장이 무슨 변고와도 관련이 있었는지에 대한 궁금증이 증폭된다.

이명박 대통령은 증조모의 자리가 와혈로 분석됐다. 유일하게 혈이 하나만 보인다. 다만 고조와 그 이상의 묘지에 대해서는 알 길이 없다. 위치 파악을 위해 많은 경로를 통해 보았지만 허사였다. 이에 대한 급부로 혈증 분석을 통한 정동영 후보와의 혈증적 비교 방법을 통한 분석 결과는 이명박 대통령의 우위로 나타났다.

1) 조상의 영향

음택인 묘지의 영향을 비교하면 고조가 6곳으로 가장 많으며, 부모가 4곳, 증조와 조부모는 3곳으로 나타났다. 이러한 논리를 바탕으로 보면 고조의 기운이 가장 왕성한 것으로 보이며 다음은 부모의 묘지가 되고 그다음이 조조와 증조로 나타난다. 또한 격대 간격으로 1대를 뛰어넘는 경우로 해석된다. 부모가 좋으면 조조를 넘어 증조가 거듭되는 경우가 많다는 분석이다.

연수를 감안해서 보면, 고조가 많은 것으로 보아 본인을 제외하는 경우에는 3대를 지나야 함을 의미하는 것으로 이해된다. 부모가 빨리 명을 다하는 경우에도 기운을 받을 수 있음을 의미하기도 했다.

2) 친가와 외가의 관계

이 부분에 대한 연구 결과는 너무나 복잡하고 확인이 되지 못하므로 생략했다.

　이상을 종합해 보면 생가가 혈인 것은 윤보선, 박정희, 전두환, 노태우, 김영삼 대통령이다. 그리고 묘지가 혈인 것은 윤보선, 박정희, 최규하, 전두환, 노태우, 김영삼, 김대중, 노무현, 이명박 대통령이다.

　따라서 이명박 대통령은 생가와 묘지를 통틀어 1개소뿐이며 나머지 대부분의 대통령은 2개소 이상이다. 이러한 논리를 놓고 볼 때 대통령의 직분은 혈이 2개소 이상이어야 한다는 것으로 평가된다. 또한 생가가 적지 않은 영향을 끼친다는 것을 알 수 있다.

　이처럼 각각의 대통령들은 모두 2개 이상의 혈이 존재했다. 박정희와 노태우 대통령은 혈이 각각 3개와 4개가 있다. 이처럼 풍수는 입증됐다. 혈에 대한 적극적인 활용을 통해 결국 우리는 긍정적인 방법으로 혈의 사고(思考)를 정립할 수 있을 것이다. 앞으로 풍수는 계속 존재할 것이고 혈증의 연구는 계속될 것이다.

　따라서 혈은 앞으로도 계속 연구되고, 공부하여야 할 것이다. 이러한 이치는 혈의 위대함을 느끼게 하는 통계가 된다. 시대가 발전되고 과학이 앞서는 세월 속에서도 풍수 혈은 거짓이 아닌 참된 철학임을 깨우쳐 주는 기회가 됐을 것이다.

◈ 입수 방법

역대 대통령들의 생가와 조상 묘지를 분석하면 입수의 방법이 독특하다. 회룡입수, 섬룡입수, 선룡입수 등으로 구분할 수 있다.

윤보선 대통령의 경우는 생가가 섬룡입수로, 묘지도 선룡입수로 되어 있다.

박정희 대통령의 경우 생가는 회룡입수로, 묘지는 섬룡입수와 선룡입수로 나타난다.

최규하 대통령의 경우 묘지는 선룡입수이다.

전두환 대통령의 경우 생가는 선룡입수로, 묘지는 회룡입수와 선룡입수로 되어 있다.

노태우 대통령의 경우 생가는 회룡입수로, 묘지는 선룡입수로 나타났다.

김영삼 대통령의 경우 생가와 묘지 모두가 선룡입수이다.

김대중 대통령의 경우 묘지는 선룡입수로 되어 있다.

노무현 대통령의 경우 묘지는 선룡입수로 되어 있다.

이명박 대통령의 경우 묘지는 선룡입수로 되어 있다.

이처럼 회룡입수, 섬룡입수, 선룡입수로 나타난다. 이에 대해 힘의 역량을 보면 곡맥으로 진입하는 회룡입수가 기운이 클 것으로 생각된다. 회룡으로 입수하는 곳은 박정희,

전두환, 노태우 대통령에게서 나타난다.

섬룡입수는 윤보선, 박정희의 경우에서 볼 수가 있다.

선룡입수는 고르게 나타난다.

◈ 선룡선수

선룡선수가 있다. 선룡의 교차로 혼합되어 있다는 사실이다. 좌선이 있으면 우선이 있으나 하나의 선룡이 있는 경우도 있다.

윤보선 대통령은 생가가 좌선이며 고조는 우선이다.

박정희 대통령은 생가가 좌선, 부모가 우선, 고조부모가 좌선으로 되어 있다. 좌선룡이 2개, 우선룡이 1개로 되어 있어 좌우선이 혼합된 선룡이다.

최규하 대통령은 증조부는 좌선, 고조부는 우선으로 혼합되어 있다.

전두환 대통령은 생가는 좌선, 고조는 우선, 조모는 좌선이다.

노태우 대통령은 생가는 좌선, 부모는 좌선, 고조는 우선, 5대조는 좌선으로, 좌선이 3개, 우선이 1개로 혼재되어 있다.

김영삼 대통령은 생가가 좌선, 부모의 묘지는 좌선, 고조는 우선이다.

김대중 대통령은 모두 좌선이다.

노무현 대통령은 좌선이다.

이명박 대통령은 증조모의 자리만 우선이다.

이처럼 혈에 의한 선룡은 혼재되어 있다. 이는 빈틈의 여지를 주지 않는 만점의 개념으로 이해된다. 또한 좌선이 우선보단 많다. 아마 대통령의 직책은 귀의 개념으로 분별되는 것이 간접적으로나마 이해된다. 그러한 반면에 부에 대한 의미가 미약한 것처럼 비추어질 수도 있지만 그런 것도 아니다. 역대 대통령들의 부에 대한 이해는 가능하리라 생각된다. 이는 우선에 의한 영향이다. 이처럼 좌선과 우선의 혼재는 귀부를 겸하는 이치가 된다. 참으로 풍수 혈은 묘하다.

◆ 봉분의 형태

윤보선 대통령의 조상 봉분은 단분이 대부분이다.

박정희 대통령의 조상 봉분은 고조와 증조는 합분으로, 조조와 부모는 쌍분으로 조성됐다.

최규하 대통령의 조상 봉분은 고조는 단분으로, 증조는

상하분으로, 조조와 부모는 쌍분으로 조성됐다.

전두환 대통령의 조상 봉분은 고조는 합분으로, 증조와 조조는 단분으로, 부모는 쌍분으로 조성됐다.

노태우 대통령의 조상 봉분은 고조와 증조는 합분으로, 조조와 부모는 쌍분으로 조성됐다.

김영삼 대통령의 조상 봉분은 고조는 단분으로, 증조는 상하분으로, 조조와 부모는 쌍분으로 조성됐다.

김대중 대통령의 조상 봉분은 고조는 단분으로, 증조는 상하분으로, 조조와 부모는 쌍분으로 조성됐다.

노무현 대통령의 조상 봉분은 고조는 합분으로, 증조와 조조 부모는 쌍분으로 조성됐다.

이명박 대통령의 조상 봉분은 증조와 조조는 단분으로, 부모는 쌍분으로 조성됐다.

이처럼 봉분의 구성을 보면 공통점이 있다. 고조와 증조는 단분으로 조성되었으며 조조와 부모는 합분으로 장사한 것이 특징이다. 고조와 증조는 1인 1혈로, 그 이후에는 2인 1혈로 장사했다. 풍수가 혈장을 중시한다면 1인 1혈이 원칙이다. 이는 혈증의 위주로 판단한다면 엄청나게 퇴보한 것이다.

물론 화장이 대수라 하지만 풍수의 혈증을 중시한다면 쌍분도 합분도 혈을 침범하는 것이 된다. 이러한 현상은 풍수의 묘미를 잃어버리는 좋지 못한 방법이다. 인간이 운명을 달리해 기운을 받고자 하는 원대한 꿈이 있다면 쌍분과 합분은 그에 따른 규모가 크다. 이에 따라 혈의 규모에 맞게 한다면 당연히 단분이며 이것은 자연의 이치에 따라가는 것이 된다.

따라서 1인 1혈이 답이다. 그 이유는 혈의 크기가 크지 않고 1평 내외로 작다는 것이다. 이를 이해한다면 1인 1혈로 장사함이 타당하다 할 것이다.

◆ ʻjʼ 자 원리와 시울

멈춤의 법칙

혈이 되는 이유는 멈춤이 있다는 것이다. 멈춤이 없는 곳에서는 진행만 할 뿐 혈은 생성되지 않는다. 그러한 이유가 ʻjʼ 자 원리이다. 이 ʻjʼ 자는 마무리가 되는 맥선의 마지막이 된다. 낚시 고리의 맨 마지막에 해당되는 형태가 이 ʻjʼ 자이다. 대통령의 조상 묘지에는 이러한 멈춤이 있다는 사실이다.

어느 자리를 막론하고 ʻjʼ 자 원리와 시울이 있다. 혈증을 분석하면서 너무나 많이 다루었으므로 특별하게 강조하고픈 생각은 없다. 다만 혈장인 자연에 이러한 원리가 숨어 있다는 사실만 이해한다면 혈증을, 혈을 찾는 데는 무리가 없을 것이다.

◈ 훼손

과다한 훼손과 대형의 봉분 조성이 문제였다. 많은 훼손은 혈증의 파괴만 아니라 혈의 개념을 무시한 처사가 된다. 이는 개선되어야 한다. 그다음은 봉분의 크기이다. 과한 봉분은 분합의 원리를 망가지게 한다. 이렇게 되면 자연적으로 흘러가는 물길이 엉망이 된다. 봉분 속에 물길이 포함되어 자연의 변경을 가져온다. 자연은 자연대로 있는 것이 최상이다. 그런데 과대한 봉분의 조성은 자연을 훼손시키는 원인이 되는 것이다. 이처럼 대통령의 조상 묘지들은 많은 훼손과 큰 봉분의 조성이 문제됐다. 기회가 된다면 개선을 하여야 할 것이다.

이상과 같은 이해를 한 결과는 다음과 같이 요약된다.

1) 원형의 법칙

혈은 둥글게 이루어져 있다. 어떤 혈 4상이 되어도 원형에 준해 이루어져 있다. 이곳의 혈들은 모두 이러한 원형이 있다는 사실이다.

2) 100%의 미학

집은 100%의 미학이 있다. 혈이 있다면 최대한 기운을 발휘하기 위해서는 장점만을 주시할 필요가 있다. 집을 건축하는 방법이나 구조의 배치에도 100%의 미학이 들어 있다. 거수를 하기 위한 방법의 건물 배치, 기운을 쉽고도 많이 받는 곳의 안방 등의 사실이 있다. 이들은 100%의 기운을 받아 내기 위한 방편이다. 이처럼 대통령의 집인 생가에는 이러한 것들이 있다.

3) 피그말리온 효과

대통령의 조상들은 이러한 긍정적인 효과가 있다. 즉, 피그말리온 효과이다. 역대 대통령들의 공통점이다. 나라를 긍정적으로 생각하는 그 어떤 원대한 꿈(나라를 지키기 위한 방법이 대통령이 되는 것)이 있었다. 조상들에겐 이러한 나라를 위하는 원대한 꿈이 존재했다.

윤보선 대통령과 박정희 대통령의 조상은 국가를 위하는, 최규하 대통령의 조상은 단분 위주로, 전두환 대통령의 부친은 철학을 이해하는 학문을 하였으며, 노태우 대통령의 조상은 혈증 위주로 조상 묘지를 장사했으며, 김영삼 대통령과 김대중 대통령은 기독교 신자이면서도 풍수의 발복을, 노무현 대통령의 조상들도 여기저기 원거리에 조상을 장사했으며, 이명박 대통령의 조상도 마찬가지로 섣불리 장사하지는 않았다. 이러한 실례는 피그말리온의 효과가 공통적으로 나타나는 결과로 나타났다. 참으로 대단한 효과로 긍정적인 마인드가 아닌가 한다.

4) 백분율 미흡에 따른 기운

봉분이 크고 훼손이 심하거나 정혈(定穴, 正穴)이 되지 못했다. 이에 따라 효율성 면에서 백분율이 떨어진다.

V

결론

역대 대통령을 분석한다는 자체가 흔한 것은 아니다. 선행연구에서 보았듯이 제대로 된 분석이 없었다는 결론적 사실이다. 즉, 혈증을 분석한 서책이나 논문은 거의 볼 수 없었다. 대부분의 기술들은 4신사나 용맥 득수, 좌향의 수준으로 기술하였으며 혈을 다룬 연구는 없었다.

필자는 그 속에서 답을 찾을 수 있었다. 바로 혈인 혈증의 분석으로 전직 대통령의 조상 묘지를 분석한바 혈증을 발견한 것이다. 혈증은 4신사가 아닌 6악, 3성, 'j'자 이론, 혈상, 5다 원칙, 분수, 양중 음, 입혈, 1분합, 선룡선수 등이다.

두 번째는 봉분의 형태가 대부분 단분으로 구성됐다. 합분이나 쌍분의 장사 기법보단 1인 1혈(一人一穴) 원칙으로 장사했다. 이는 호리지차의 개념과도 일치하는 논리이다.

세 번째는 선룡이 우선이 아닌 좌선이다. 좌는 하늘을 의미하는 뜻이 있듯이 부자보다는 귀를 주관한다. 대통령이라는 관직의 개념과도 일치하는 원리이다. 그러나 여성 대통령인 경우는 반대적인 개념이 강한 것으로 이해됐다. 이는 박근혜 대통령의 경우로서 조부모의 자리가 우선이다. 우선룡이지만 이 자리로 인해 대통령이 된 것으로 추측된다. 생가의 선룡은 100% 좌선이라는 사실이다.

네 번째는 입수의 방법이다. 전체는 아니지만 대체적으로 's' 코스로 진입하는 선룡입수의 방법이다. 이는 운동에 의한 용진이며 마지막에 멈추도록 하는 정지가 있다. 이는 곧 'j' 자 원리와 시울의 논리가 되는 의미로 통한다.

다섯 번째는 관성(慣性)의 법칙이 있다는 원리가 발견됐다. 관성에는 운동과 정지관성이 있다. 이러한 이치는 버스의 운전이나 식물인 나무의 줄기에서 볼 수 있다. 먼저 버스를 예로 들면 이해가 쉽다. 정지한 버스가 갑자기 출발하면 사람들은 뒤로 넘어진다. 달리던 버스가 브레이크를 잡으면 앞으로 넘어진다. 다음은 잘 크는 나무는 위로 가지가 뻗는데, 간혹 잘 크지 못하는 나무는 가지가 아래로 처진다. 버스 안의 사람이 앞으로 넘어지는 것과 나무가 위로 크는 것은 계속적인 진행을 하는 운동관성이 되며, 뒤로 넘어지거나 나무가 자라지 못하는 것은 정지관성이다. 기운은 정지관성에서 혈을 양산하기 때문이다. 이러한 현상이 대통령의 묘지에서도 발견됐다.

여섯 번째는 집에서 발견되는데, 윤보선 대통령을 제외한 대부분의 집들은 규모가 크지 않고 작다는 것이다. 일반적인 규모의 집보다도 작다는 데 의미가 부여된다. 이는 작은 것이 아름답다는 논저와도 의미가 상통한다. 풍수의 본보기가 되어야 할 것이다. 대궐집이 아니라 평범한 시골집의 작은 규모의 집을 선호하는 계기가 될 것으로 이해되는 바이다.

위와 함께 일곱 번째로 집의 형태가 좌선이라는 것이다. 이는 묘지와도 대부분 같다. 대단한 공통점이 아닐 수 없다. 묘지도 좌선이며 집도 좌선인 일치점이 나타나는 결과물로 보인다.

여덟 번째는 조상의 자연인 산의 형태와 대통령의 품성과의 연관성이다. 이는 자연의 이치라는 생각이 든다. 이상과 같은 논리가 허구되거나 미신이 아니라는 것을 간접적으로 뒷받침하는 것이다. 대통령이라는 직책을 풍수로 분석한다면 혈증을 가진 후손이라야 가능함을 인식하는 계기가 될 것으로 본다.

아홉 번째는 묘지나 집에서 우산 효과가 있다는 것이다. 하루아침에 대통령이 되는 것이 아니라 그 정점에 가서 대통령이 되었다는 우산 효과처럼 풍수에서도 이러한 우산 효과가 있다는 사실이다. 대통령이나 저명한 사람이 정점이라면 앞의 시기에서는 정점이 되기 전까지의 관록이 있어야 하며, 정점 그 후에는 차차 내려가는 효과가 발생되는데 이러한 효과가 대통령의 풍수에서 나타난다는 것이다.

최종적으로 열 번째는 혈이 2개라는 점이다. 묘지가 2개이든지 아니면 묘지 1개에 양택인 집이 혈증을 가진 경우가 공통점이다. 대통령의 생가나 조상의 묘지가 혈을 2개 이상 가져야만 대통령이 되는 데 상당히 호조건이 된다는 사실을 발견했다. 일반적인 풍수는 혈이 1개라도 있으면 그 문중의 후손들은 성공을 하는 것으로 이해된다. 그런데 대통령은 한 개로는 부족한 것으로 나타났다. 이는 상당한 의미가 들어 있는 것이다. 나라의 최고 통수권자임을 암시한 듯 혈 하나로는 힘들다는 것이다. 이는 필자 개인의 주장이 아니라 분석의 결과이다.

또한 혈4상은 와혈이라는 것이다. 겸혈이나 유혈, 돌혈은 한 군데도 없었다. 전부가 와혈이다. 혈상의 분포를 놓고 보아도 70% 이상이 와혈인 것처럼 대통령에 관한 관령성도 와혈이 전부이다. 이는 우연의 일치가 아니라 분석된 내용의 서책인 『穴 人子須智』에도 나타나 있으므로 상당한 의미가 될 것이다.

참고 문헌

『주역』

『지리담자록』

강희종, 『내가 잡은 명당』, 명산출판사, 1999.

김두규, 『13마리 용의 비밀』, 랜덤하우스, 2007.

박준모, 『풍수지리강론』, 메가랜드, 2018.

이규원, 『명당은 살아 있다』, 글로세움, 2017.

이재영, 『혈, 인자수지』, 책과 나무, 2020.

지종학, 『건강한 삶 성공한 삶 풍수지리, 풍수지리를 알면 인생이
바뀐다』, 프로방스, 2015.

조광, 『땅의 유혹』, 행복에너지, 2017.

◆ 논문

권창근, 「대통령 생가에 관한 풍수지리적 고찰」, 영남대학교환경
보건대학원, 2009.

◆ 인터넷

인터넷, 「다음」, 관성의 법칙, 뉴턴의 1법칙.

인터넷, 「네이버」, 풍수 천인지 박인호, 카페.

인터넷, 「네이버」, 송원 황병덕, 2020.6.14.

인터넷, 「네이버」, 삽짝풍수.